권오성의 답

論山, 일어서다

정정현, 정서우 묻고
권오성 답하다

권오성의 답

論山, 일어서다

초판 1쇄 발행 2026년 1월 23일

인터뷰이 권오성
인터뷰어 정정현, 정서우

펴낸곳 도서출판 답
기획 손현욱
마케팅 이충우
표지 디자인 BU디자인
내지 디자인 이은지

포토그래퍼 구본희, NINEVON 스튜디오
헤어메이크업 VIVID 전지영 원장

출판등록 2010년 12월 8일 | 제 312-2010-000055호
전화 02-324-8220
팩스 02-6944-9077

ISBN 979-11-87229-91-9(03340)
값 20,000원

• 이 도서의 국립중앙도서관 출판예정도서목록(CIP)은
서지정보유통지원시스템 홈페이지(https://www.nl.go.kr/seoji/)와
국가자료종합목록시스템(http://www.nl.go.kr/kolisnet)에서 이용하실 수 있습니다.

새로운 논산의 물결

권오성의 답

論山, 일어서다

답

권오성의 답

論山, 일어서다

목차

참 복잡다단하고 갈등도 많은 시대입니다. 가진 자와 못 가진 자의 격차는 날로 커져 가고, 정치는 여야로 나뉜 채 도무지 소통이 이루어지지 않습니다. 그러다 보니 그 지지자들 또한 여야로 나뉘어 대립하고 갈등합니다. 어디서부터, 어떻게 풀어야 할까요? 일반 시민들에게 답을 구하기 전에, 사회 지도층과 정치권이 먼저 성찰하여 모범을 보이고 올바른 방향을 제시해야 합니다. 이제부터 정치인은, 앞으로의 지도자는 스스로 성찰하고 모범을 보이며 시민과 함께 실천하는 사람이어야 합니다. 시민은 바로 그런 사람을 리더로, 일꾼으로, 대리인으로 뽑아야 합니다.

그런 사람, 어디 없을까요?

있습니다. 항상 부지런히 움직이지만 소탈하고 넉넉한 인품을 지닌 사람. 그러나 내적으로는 탄탄한 철학과 학문적 지식, 삶과 정치의 풍부한 경험으로 가득 차 있어 어떠한 상황에서도 흔들리지 않는 사람. 약한 자와 소외된 자를 품고 보듬을 줄 알며, 자신의 몫을 기꺼이 나눌 수 있는 아름다운 사람. 논산 사람 권오성이 바로 그런 사람입니다. 서로 생각이 달라도, 서로 바라는 바가 달라도 언제나 소통할 수 있으며, 너나없이 차별 없이 함께 실천할 줄 아는 사람. 정치학자 권오성입니다.

진정한 정치는 말로만 하는 것도, 싸움으로 하는 것도 아닙니다. 설득과 공감의 폭을 넓혀 우호 세력과 지지층을 확보하는 일입니다. 그리하여 결과로 증명해 내는 일입니다. 진정한 실력자는 소리 없이 강한 법이고, 진정한 리더십은 패싸움을 선동하거나 집단을 동원하는 것이 아닙니다. 설득과 교감을 이뤄 결과를 만들어 내는 일입니다. 정치학자 권오성이 바로 그런 사람입니다.

이 책을 통해 당신이 선택할 후보에 대해 좀 더 자세히 아는 또 하나의 대안이 되길 바랍니다.

당신이 선택하려는 후보의 오랜 준비와 참을성과 이제서야 가죽 주머니를 뚫고 나오려는 송곳의 힘을 보게 되는 계기가 되길 희망합니다.

권오성과 함께 논산이 지방 발전의 모범이 되고 신화가 되어, 논산의 새로운 도약, 새로운 발전, 새로운 미래가 활짝 열리길 기대하고 또 믿습니다.

인터뷰어 정정현 드림

인터뷰어 소개

정정현

前 노동일보 기자

前 ㈜동랑커뮤니케이션즈 이사

前 문예계간지 〈문학과행동〉 편집인

現 영화기획사 온테이블 PD

정서우 아나운서

미디어커뮤니케이션 스피치토론전공
석사과정을 진행중
말하는 일을 사랑하고
카메라 앞에서 가장 나다운 모습을
보여주는 아나운서
사회의 흐름을
차분하고 정확하게 전하고자 한다.

경쟁에서 배제되는 사람들은
이 사회에서 도태시켜야 하나요?

아니잖아요.

무능하든, 나이가 많이 들었든,
시대적으로 환경이 바뀌어
일자리를 놓치거나 몸이 불편한 사람들,
부모를 잃고 힘든 소년소녀가장들,

그러면 국가의 역할에서
무엇이 필요하겠습니까?

복지입니다.

제가 남을 도울 기회가 돼서
그 사람이 잘 되면
그것도 한없이 기쁠 것 같아요.

예를 들어서 길을 가는데,
배가 고파 쓰러질 듯한
돈이 없는 어르신을 마주쳤다면

제가 모시고 국밥을 사드리고
고맙다는 말을 듣게 되면
얼마나 뿌듯해요?

마음과 마음이 진심으로
전해질 수 있는 게
훨씬 낫다고 봐요.

#01

권오성의 과거를 묻다

정서우 민주당 정책위원회 부의장이시며 정치학 박사이신 권오성 논산시장 후보님 모셨습니다. 간단한 본인 소개 부탁드리겠습니다.

권오성 저는 논산에서 출생해 20여 년간 살다가 대학 진학 때문에 객지로 나갔습니다. 이후 프랑스에 유학하러 가서 박사 학위까지 마치고 돌아와서, 정치 활동도 한 20~30년간 해왔는데, 제가 평생 쌓아 온 능력을 모두 쏟아내서 고향 논산의 발전을 이루고자 하던 중, 때마침 지인들의 강한 권유와 추천도 있어서 논산시장 후보로 선거를 준비하고 있는 권오성입니다.

정서우 본관은 어디 신가요?

권오성 안동 권 家입니다. 우리나라에서 족보를 처음으로 만든 성씨라고도 합니다.

정서우 대개 정치인들에겐 태몽이 있다고 들었는데, 후보님께도 특별한 태몽이 있었는지요?

권오성 어머니께 태몽 얘기는 들었습니다. 용꿈이라고 하셨어요. 더 자세하게 말하면 위험해질 수 있으니까 용꿈이다, 여기까지만 하죠. (웃음)

정서우 후보님의 어린 시절과 학창 시절이 궁금해요. 고향 논산에서 보낸 유년 시절 중 가장 기억에 남는 풍경이라면 무엇일까요?

권오성 유년 시절만큼은 유복했던 것 같아요. 어릴 적엔 미국에서 원조한 빵 같은 걸 많이 나눠줬는데, 저는 그런 게 아쉬운 줄 모르고 살았어요. 아버지와 많이 다니기도 했는데요. 논산에 샛강이라는 곳이 있었는데 그게 지금의 논산천입니다. 아버지가 저를 데리고 차를 타고 샛강 가서 투망 그물 던지는 걸 좋아하셨어요. 한번은 아버지가 늪에 빠진 것처럼 자꾸 들어가시는 거예요. 무사히 나오시긴 했지만, 어린 마음에 엄청나게 놀라서 어떡하나 하며 겁에 질려 바라봤던 기억이 있습니다. 이사를 하기도 했는데, 원래 학교가 집에서

100~150m밖에 안 될 정도로 가까웠는데, 이사를 하는 바람에 700~800m를 걸어서 학교에 다니던 기억도 남아 있습니다.

정서우 어린 시절에는 어떤 성격이셨어요?

권오성 사고 안 치고 말 잘 듣는 아이였어요. 학교 갔다 오면 책 읽고, 돈 주면 책 사고, 그런 조용한 학생이었습니다.

정서우 굉장히 모범생 스타일이셨네요.

권오성 모범생이었죠.

정서우 부모님께서 가정교육으로 특별히 강조하셨던 가훈이나 교육 철학이 있으셨나요?

권오성 특별한 건 없었어요. 아버지도 유년 시절에 부모님을 다 잃으시고 몰락한 양반집 후예셨고, 어머니는 해방 전 북에서 유복하게 사셨는데 6.25때 혈혈단신 내려오신 분이라, 자식을 귀하고 엄하게 키우셨던 것 같아요. 아버지는 저녁 귀가 시간과 친구 사귀는 것에 대해 굉장히 엄하셨어요. 어머니는 공부하라는 말씀은 안 하셨고, 그저 알아서 잘 커 주면 고맙다는 정도였습니다.

정서우 어린 시절의 꿈은 무엇이었나요?

권오성 외교관이었어요. 역사책을 많이 읽다 보니 외교관이 되고 싶었고, 커서 프랑스 같은 나라를 갈 것 같은 막연한 생각이 있었어요. 외교관이 되고 싶었던 건 개인적 출세 때문이 아니라, 나라의 힘을 키우려면 외교력이 있어야겠구나, 그런 직업을 가지면 세계를 돌아다니며 나라도 키울 수 있겠구나, 하는 생각을 했었죠.

정서우 어린 시절 성격이 모범생 스타일이었다고 하셨는데 그럼, 학창 시절 친구들과 교우 관계는 어떠셨나요?

권오성 초등학교를 60년대에 입학해서 70년대 초반에 졸업하던 때인데, 그때는 공부 잘하면 선생님들이 반장을 시켜줬어요. 그래서 반장을 여러 차례 했고, 아이들은 잔소리하는 사람 싫어하고, 힘세고 잘 노는 친구들을 좋아하잖아요. 그런 면에서는 제가 인기가 있거나 잘했다고 말하기는 힘들겠죠. 반장으로서 "조용히 해라"는 말을 더 많이 했을 테니까요.

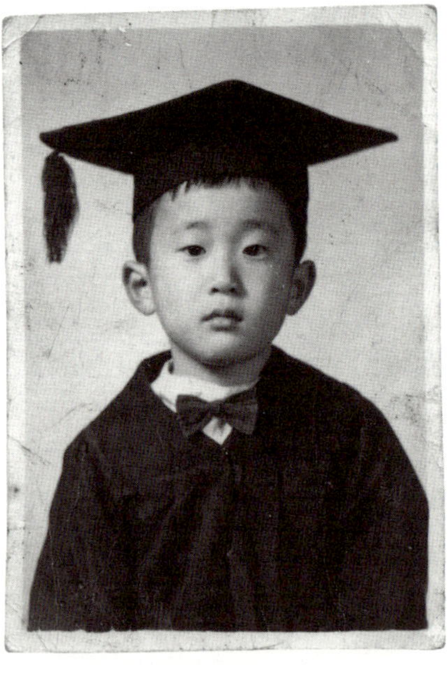

정서우 청소년기에 가장 큰 영향을 끼친 인물이나 책이 있다면 무엇인가요?

권오성 지금 생각해보면 많이 조숙했던 거 같아요. 독서량으로 봐도 그랬고. 초등학교 5~6학년 때 쇼펜하우어의 '의지와 표상으로서의 세계'나 헤르만 헤세의 '데미안', '삼국사기', '삼국유사', 종교 이야기 같은 책들을 읽었어요. 독일 제국이나 나치즘 같은 이야기들도 그때 많이 접했고요. 중학교 1학년 때는 아는 형님이 고시 공부를 해서 법과 철학 관련 책 같은 것들을 많이 봤어요. 철없던 시절이라 다 이해했다고 볼 수는 없지만, 그런 책들을 통해 지식을 많이 습득하지 않았나 생각합니다.

정서우 다방면으로 정보도 많고 똑똑한 어린 시절을 보내신 것 같네요. 정치학을 전공으로 선택하게 된 계기는 어떤 것인지요?

권오성 세상에 대한 불만이 좀 있었고, 세상을 바꾸고 싶다는 생각이 들었어요. 그러려면 공부를 해야겠다고 생각했죠. 처음에는 외교관이 꿈이라 독일어와 영어는 기본으로 했어요. 고등학교에 다니다 그만두고 검정고시를 준비하며 프랑스어를 배우고 싶었는데 당시는 주변에 가르쳐주는 곳이 없었어요. 외교관에 대한 꿈은 강했고, 불어는 배울 곳이 없고 해서 대학 진학할 땐 불어불문학과로 갔습니다. 불어를 배우고 난 후 외무고시 공부를 하다가 정치를 제대로 알아야겠다는 생각에, 대학원은 정치외교학을 전공하게 되었죠. 역사, 문화, 철학 등에도 관심이 아주 많았습니다.

정정현 대학에 진학할 즈음, 세상에 대한 불만이 있었다면 어떤 불만이었나요?

권오성 제 눈에는 가난한 사람들이 많이 보였던 것 같아요. 그 사람들이 스스로 가난을 헤쳐 나갈 길도 보이지 않았고요. 중학교 1학년 때만 해도 사회 전반에 권위주의 문화가 강해서 '조국 근대화의 기수'나 '한국적 민주주의' 같은 구호들이 일상적이었어요. 모든 게 군대식 상명하복 문화였고, 학교에서도 선생님들의 체벌이 참 많았어요. 지금 생각하면 왜 그렇게 학생들을 팼는지 모를 정도로 무서웠죠. 그런 폭력이 용인되는 문화가 불만이었어요. 공부 잘하는 학생은 사고를 쳐도 "네가 그랬을 리 없어" 하며 넘어가는 문화도 많았고요. 그런 불합리함을 고쳐야 하지 않겠나 하는 생각을 많이 했습니다.

정서우 대학 시절 가장 강하게 남는 기억은 어떤 것인가요? 학생운동에 참여했었나요?

권오성 학생시위를 할 때 저도 참여는 했었죠. 제가 86년도 2월 8일에 제대하고 복학하자마자 민주화 바람이 거센 시기라 학생들이 데모를 많이 했는데, 시험 거부를 해서 중간고사를 못 봤습니다. 교수님들은 억지로라도 시험을 치르게 하려고 설득하던 상황에서 입장이 참 난처했죠. 학생운동하던 친구 중에는 진짜 정의로운 친구들도 있었지만, 그저 친구나 선후배 따라 하는 친구들도 보였거든요.

결국, 저는 고시 공부를 해야겠다고 생각했습니다. 고시 과목 중 한국사 과목 때문에 미끄러졌어요. 한국사에서 이해가 안 되는 부분이 많았어요. "고구려가 한반도에서 개국했다고? 한사군이 한반도에 있는데? 이건 말이 안 되는데" 하는 합리적 의문들이 많이 들었어요. 그래서 고시보다는 정치학 대학원에 가야겠다고 생각하게 되었죠.

그쯤 학과에서 불어 원어 연극을 하게 됐어요. 당시 학생들이 3학년 학생회장 할 사람이 없으니 좀 맡아달라고 해서 맡았습니다. 제가 원하는 곡을 편집해서 학생들을 지도하고 연출을 맡았죠. 그해 여름 내내 그렇게 보내고 가을에 시민회관에서 공연해서 성공을 거뒀습니다. 그 과정의 기억이 가장 오래 남습니다. 30명 여명의 학생들을 데리고 가의도라는 섬에 들어가서 여름 내내 땀을 흘렸으니까.

정정현 군대는 어디로 다녀오셨나요?

권오성 전투경찰대대로 갔습니다. 창설 부대가 생긴다고 해서 그때는 우쭐하는 마음에 멋모르고 지원했어요. 부산 기장군에서 해안선 경비를 맡게 됐는데, 나중에 알고 보니 창설 부대는 사고뭉치들만 보내는 곳이더라고요. 그러다 총 만드는 공장에서 군 생활을 하게 됐습니다. 전경 훈련도 받고 육군 훈련도 받았죠. 서울로 파견 가서 두 달 정도 있었던 기억도 선명히 남습니다. 85년 IMF IBRD 총회를 서울에서 할 때였어요. 당시 KBS '만남의 광장'에서 '잃어버린 30년' 노래가 나오고 할 때인데, KBS 현관에서 새우잠을 잤던 기억도 있습니다.

정서우 프랑스 유학을 툴루즈 1 대학에서 하게 된 된 특별한 이유가 있으신가요?

권오성 제가 한국 역사에 관심을 두고 고대사부터 연구를 많이 했었는데, "한국에도 자연권 사상이 분명히 있었을 것이며, 고조선이나 상고사에서 그것을 밝힐 수 있다고 본다."라고 하는 게 저의 주장이었고, 그것을 사상적으로 연구해서 밝히고 쓰고 싶었습니다. 석사 학위를 받을 때 쓴 주제가 '서재필의 독립신문의 정치 사회 사상'이었습니다. 그 이후 자연스럽게 '자연권 사상'에 대한 연구로 이어갔죠. 정치학에서는 '자연권 사상'하면 루소(Jean-Jacques Rousseau, 장 자크 루소는 스위스 제네바 공화국에서 태어난 프랑스의 사회계약론자이자 직접민주주의자, 공화주의자, 계몽주의 철학자이다)나 로크(John Locke, 존 로크는 잉글랜드 왕국의 철학자이자 정치사상가이다)를 배우는데, 당시 한국 대학에서 고조선의 정치 사회 제도라든지 한국의 자연권 사상을 논제로 받아줄 대학도 없고 그걸 가르칠 교수도 없었어요. 게다가 당시에 한국 정치가 독재나 권위주의 뭐 이런 시절이었기 때문에 "한국 사상의 정통성은 무엇인가?"라는 질문을 던지기도 어렵던 시절이었습니다.

미국은 돈도 많이 들기도 하고, 한국의 정치학 교과서가

다 미국 이론이니까 그것도 진부하고 해서, 미국을 가장 비판하던 나라가 프랑스였으니까 프랑스에는 독특한 사상과 이론이 있지 않을까 해서 프랑스를 택하게 되었습니다. 게다가 대학 학부는 불문학과를 나왔기 때문에 접근성도 좋았죠. 프랑스에서는 '정치 인류학'을 공부를 하고 싶었어요. 한국에는 전혀 없던 학문입니다. 연구를 계속하다 보니 한국 정치의 해법으로 세계에서 정통성 있는 이론과 내용을 자유롭게 공부하고 싶던 차에 그 분야를 접하게 됐어요.

그런데 한국에서는 그런 과목도 없고 전공한 분도 없어서, 프랑스 가서 공부해야겠다고 생각한 거죠. 프랑스에서도 어느 대학을 갈까 고민하다가 처음에는 스트라스부르에서 어학연수증만 끊었어요. 파리는 한국인들도 많고 해서, 그런 곳보다는 체계적으로 제대로 된 대학이 없을까 해서 보르도 대학에 갔는데 당황스럽게도 그 해, 입학 사정이 다 끝났다는 거예요. 그래서 거기서 물어봤더니 프랑스에는 정치학과도 있지만 '이으뻬(IEP)'라는 정치학연구소가 있다고 했습니다. 입학하기는 까다로워요. 그런데 거기서 들어오라는데, 18세기 프랑스 역사학을 공부하고 싶다면 받아주겠다는 거예요. 나는 학위가 정치학인데 역사학을 하게 되면 나중에 문제가 생긴다고 했더니, 이해하겠다며 툴루즈를 가보라고 하더군요. 툴루즈는 학군이 파리 다음으로 크고 젊은 도시라고 했어요. 툴루즈는 에어버스 제조공장으로 유명한 곳이었어요. 그래서 떼제베(TGV)를 타고 가서 운 좋게 마지막 등록 기간에 입학하게 됐습니다.

정정현 툴루즈 대학에 입학하실 때 담당 교수와 논쟁을 벌인 일이 있다고 들었는데 어떤 내용이었나요?

권오성 아무리 불어를 잘해도 프랑스에 가면 수준이 한참 모자랍니다. 제가 한국에서는 불어를 잘한다고 해도 프랑스에서 박사 과정 수업을 듣기에는 아무래도 부족하지 않겠어요? 그때 정치에 대해서 글을 써보라고 테스트를 받는데, 당연히 프랑스어 문장에 부족한 부분이 있었겠죠. 교수들이 어학연수부터 받고 와서 나중에 다시 입학하라고 제안하는데, 저로서는 어떻게든 입학이라도 해야 하니까 '교수들이 하라는 대로 했다가는 올해 입학 못 하겠구나' 생각해서 막 우겼습니다. 한국에서는 아시다시피 영어를 주로 배우지 않느냐, 그러다 보니까 불어가 다소 미진한 건 사실이다. 그렇지만 자신 있으니 내년 시험을 통해서 인정받으면 되지 않겠느냐, 교수님들이 받아주시면 열심히 해서 내년 시험을 통과하겠다고 했습니다. 만약 그때도 시험에서 통과가 안 되면 그때는 교수님이 하라는 대로 따를 테니 이번은 좀 봐달라고 하는 등, 제가 봐도 말도 안 되는 억지를 부려가며 30분 동안 교수님들을 붙잡고 매달렸던 거죠. 교수님들도 퇴근해서 집에 가고 싶은데 제가 자꾸 고집을 피우니까, 시계를 보더니 "그럼 좋다. 일단 받아는 주겠는데, 당신이 실력으로 평가를 못 받으면 바로 조치하겠다"라는 조건으로 입학 허가를 받게 된 겁니다.

정정현 조건부 입학이네요.

권오성 그렇죠.

정정현 입학은 했지만, 한국과 프랑스의 문화 차이는 대단히 컸을 텐데, 프랑스 사회에서 적응하고 인정받기까지 특별한 비결이 있었나요?

권오성 우리 것을 제대로 모르면 외국 사회에서도 인정받지 못합니다. 교수님이나 외국 친구들이 "저 친구하고 얘기를 하면 재밌어. 진짜 많이 배우게 되네. 저 친구랑 얘기하면 동양 철학이나 종교, 한국 정치 등 내가 모르는 한국에 대해 많이 배우게 되어 좋아"라고 할 정도의 실력을 갖추고 있어야 해요. 그러면 교수가 호감을 느낍니다. "저 친구가 고급 단어도 쓰고 말도 잘하네. 불어는 조금 어눌한데 얘기하다 보면 좋은 점이 많아" 이렇게 인정을 받으면 그 다음부터는 자기들이 궁금해서 더 잘해줍니다. 물론 제가 그것을 드러낼 수 있을 만큼의 상황이나 능력도 보여줘야 하고, 성실히 노력하는 모습도 보여줘야 하죠. '저 친구는 공부하는 친구, 우리에 대해서 관심이 많은 친구, 또 얘기하다 보면 지식이 많은 친구'라는 인상을 주고 제가 적극성을 띠면 거기서도 괜찮은 친구들이 제 주변으로 모이게 됩니다. 거기서 우리 문화도 설명해주면서 저도 진심으로 배우는 태도를 보였죠.

프랑스 유학 생활을 하면서 주로 프랑스인들이 많이 모이는 곳을 찾아서 그들과 함께 생활했어요. 그쪽은 소위 말하는 '에콜 노르말(École Normale)'이라고 해서 고등사범학교를 들어온 친구들입니다. 그 친구들도 공부를 정말 엄청나게 합니다. 일반 프랑스 대학생들보다도 두 배 이상 더 한다고 보면 됩니다. 비록 나이 차이는 나지만 그런 친구들과 함께 있다 보니까 자연스럽게 저도 의미 없는 관계에 동화되지 않고 집중해서 공부하게 되었어요. 그게 큰 도움이 되었던 것 같습니다.

프랑스는 스스로 혁명을 한 나라잖아요. 민주주의 혁명을 통해 교황과 왕, 귀족을 스스로 처단한 문화가 있기에 민주주의 그 자체인 나라였습니다. 동양에서 찾아간 제가 '진짜 민주주의'를 느낀 게 뭐였냐면, 파란불을 기다리며 서 있는데 신호등 앞에 서 있는데, 빨간불에서도 프랑스 사람들은 경찰이 뻔히 서 있음에도 불구하고 그냥 손 들고 지나가더라고요. 그러면 차들이 서줍니다. 담배꽁초도 거리에 막 버리고. 처음에는 "여기 사람들, 참 문제가 많구나"라고 생각했어요. 그런데 어느 날 보니까 나 혼자 서 있는 이 모습이 더 이상한 게 아닌가 싶더군요. 한국에서는 왜 경찰만 보면 위축되는 거지? 하는 생각이 들게 됐죠. 우리나라에도 도입된 지 이제 10년 정도 된 것 같은데, 담배꽁초나 휴지는 청소차들이 다니면서 싹 치우더라고요. 지방정부가 의무적으로 시가지를 깨끗이 치우는 걸 보면서 민주주의가 토착화되어 그런 문화가 정착된 것을 이해하게 됐습니다. 횡단보도의 파란 버튼을 누르면 신호가 바뀌는 보행자 중심의 신호체계도 프랑스에선 이미 그때 만들어졌어요.

길거리에서 남녀가 키스하는 모습도 많았죠. 그 친구들은 개인주의적 사고가 강해서 "사회적으로 타인에게 문제만 안 되면 무엇을 하든 네 자유다"라는 인식이 팽배합니다. 프랑스의 대통령이나 정치인들도 바람을 많이 피우잖아요? 그런 정도는 그냥 넘어갑니다. 그런데 바람피우는데 공금을 쓴 것이 아니거나 근무 시간이 아니라면 개인의 자유라고 봅니다. 만약 그것으로 인해 업무가 잘못됐거나 공금을 썼을 때는 절대 용서치 않죠.

또 프랑스에 가면 이슬람권에서 온 이민자들도 많아요. 그들에게도 사회복지가 잘 되어 있는 모습들을 보며 많은 것을 이해하게 되죠. 한국 사회는 법과 제도를 통해 시민들을 압박하고 통제하는 강압적 질서에 익숙해져 있잖아요. 프랑스 민주주의에서 가장 중요하게 여기는 건 개인의 자유, 법질서, 그리고 세금 문제입니다. 특히 세금 문제는 아주 무섭습니다. 프랑스 사람들은 있는 티를 안 내요. 있는 체하는 순간 세무 공무원들이 들이닥쳐서 세무 조사를 하기 때문입니다. 겉으로 봐서는 그 집이 부자인지 모릅니다. 그런데 문 열고 들어가 보면 깜짝 놀라요.

집 안은 대리석으로 쫙 깔린 부잣집인데도 겉모습은 소박합니다. 일반 소시민들은 기본적으로 생활이 유지되는 사회보장제도가 있기에 우리보다는 인생을 즐길 수 있는 여유가 훨씬 더 많습니다. 우리나라에서는 지금도 돈이 없어서 결혼도 못 하고 취업이 안 되는 가슴 아픈 일들이 많잖아요. 1990년대에 프랑스에서 느꼈던 건, 그 시절에도 사회보장제도가 지금의 한국보다 훨씬 발달해 있었다는 겁니다. 일자리를 못 잡거나 집값이 비싸서 결혼을 못 하는 불우한 일들은 없더라고요.

제가 외국인 유학생 신분인데도 혼자 살고 직장이 없다고 하니 방값의 절반과 생활비를 보조해주는 걸 보고 감동을 하였습니다. 차별 없이 동등한 인간으로 대우해 주는구나 싶었죠. 우리나라는 아직도 자국의 국민에게조차 그렇게까지는 못 하는 경우가 많잖아요. 그런 걸 보면서 인도주의나 민주주의에 대해 많이 배웠습니다.

정정현 공과 사를 엄격하게 구분하되 개인의 자유와 그에 따른 책임을 중시하는 사회라고 보면 되겠네요. 그런데도 당시 프랑스 사회에서 인종차별로 곤란했거나 이를 극복했던 경험이 있으신지 궁금합니다.

권오성 인종차별을 받은 사람들도 있다고는 하던데, 저는 그런 경험은 없습니다. 유학 떠날 때 저는 극단적 민족주의자였기 때문에 감히 나한테 그런 말을 할 수 있는 사람도 없었고, 만약 그런 친구가 있으면 거꾸로 물어봤습니다. 예를 들어 "우리 집안은 2천 년 동안 한국에서 귀족이었다. 너희 집안은 귀족이 있느냐?"라고 묻는 식이죠. "나는 너희보다 많이 배웠고 아는 것도 많다"라고 말하는 사람에게 누가 인종차별을 하겠어요. 그리고 합리적으로 접근했습니다. "나는 포크와 나이프 질도 잘하지만, 젓가락질도 잘한다. 넌 젓가락질도 못 하지 않느냐?" 혹은 "사람이 팔이 두 개인데 한쪽만 쓰는 것보다 둘 다 써야 제대로 된 인간 아닌가? 난 양손을 다 써."라는 식이죠. 그럼, 처음에는 웃다가도 생각해보면 틀린 말이 아니니까 인정하는 거죠. 프랑스 사람들은 합리적으로 접근하면 잘 받아들여요. 국민적 자의식이든 민족적 자의식이든 그게 강하면 그쪽에서도 인정합니다. 무례한 짓만 안 한다면. 하지만 자기 것이 빈약한 채 외국 것을 따라 배우며 나약한 모습을 보이면 발전이 없죠.

한번은 방을 구할 때 집주인이 그러더라고요. “당신 같은 외국인을 뭘 믿고 방을 주느냐?”라고. 그래서 저는 그 임대법을 아니까 자신 있게 “당신의 입장은 충분히 이해한다. 그렇지만 내가 1년 치를 미리 내면 되지 않겠느냐?”라고 했죠. 그러자 주인은 “법적으로 그렇게 하면 안 된다.”라고 하길래, “당신 말도 일리가 있다, 어쨌든 알려줘서 고맙다”하고 인사하고 나왔습니다. 그 정도 배짱도 있으면 무시당할 일이 없는 거죠. 그 나라 문화도 어느 정도는 알아야 합니다. 그런 사람은 차별을 받을 일이 별로 없어요. 차별을 받는다면 자기한테 문제가 없었는지 한번 되짚어볼 필요가 있는 겁니다.

저는 미국 가서도 차별받은 적이 없습니다. 차별을 받는다고 느끼면 바로 항의를 해요. 그러면 그쪽도 인정합니다. 저는 그렇게 살았습니다.

정정현 프랑스에서 같은 학과 학생 중 가장 빨리 박사 학위를 땄다고 들었습니다. 그렇게 빨리 학위를 취득할 수 있었던 비결은 무엇인가요? 어떤 노력이 있었기 때문에 가능했는가요?

권오성 툴루즈 대학에 입학할 때 처음엔 입학이 거부되는 상황을 겪었지만, 제가 무리한 요구를 주장해서 입학하게 되었는데, 그러면 만회해야 하잖아요. 교수한테 "저 친구가 노력도 하고 나름대로 실력이 있구나" 하는 소리를 들어야 하잖아요. 그래서 마음먹고 목표를 세웠어요. 내가 쓰고 싶은 걸 불어로 쓰고 자료 정리도 해야 하고. '매일 A4 용지 한 페이지 정도를 불어로 번역해서 모아나간다. 그게 안 되면 자지 말자. 무조건 A4 용지 한 장이다.'그 A4 용지를 한 장씩이면 1년이면 360장이잖아요. 2년이면 700장. 그렇게 해놓으면 고칠 부분을 빼도 많은 분량의 자료는 남잖아요. 그걸 리포트로 제출하는 거죠. 만약 제가 좀 부족한 부분이 있더라도 담당 교수가 제 노력과 성과로 이해를 해 주게 됩니다. '이 놈은 노력하는 놈이구나.'라고. 그렇게 해서 이제 버텼고 인정받았습니다.

가장 힘든 건, 연구라는 게 어떤 때는 안 떠오르고 딱 막히잖아요. '이걸 어떻게 풀지?'할 땐 참 답답하죠. 그랬다가 어머니한테 전화해서 "어머니. 힘들어요" 했다가 호되게 혼난 적이 있습니다. 어머니 말씀이 "아, 이 사람아. 자네가 결정해서 간 거 아니야?" 그러시더니 "힘들면 와. 자신 없으면 돌아와. 그런데 이 여름에도 아파트 현장에서 벽돌 매고 오르는 사람들도 많아. 그 사람들보다 자네가 힘들다고 생각하면 오고, 그 사람들보다 나은 것 같으면 버티고 이겨내." 그 말씀만 듣고서는 아무 말도 못 하고 전화를 끊었어요. 더는 힘들다는 말을 못 하겠더군요.

어머니는 평소에도 그랬어요. 북에서 혈혈단신 내려오신 분이라 항상 그랬어요. "나는 이 나이 되도록 여기 살면서 '거기 서'라는 말 한마디 안 듣고 살았다. 왜 그렇게 살아?" 이런 여장부였기 때문에 감히 맞설 수도 없을 정도로 강한 분이셨죠. 전쟁의 참화도 겪어내신 분이고. 어머니를 존경할 수밖에 없는 게 이런 일도 있었어요. 아버지께서 암 투병하시다가 돌아가실 때쯤, 집안에 돈도 떨어지고 아무것도 없던 상황인데, 아버지께서 문어를 드시고 싶다고 하니까 서울로 올라가서 그 비싼 문어를 사서 오시더라고요. 아버님이 "이 사람아. 애들하고는 어떻게 하려고 문어를 사 와?" 그러니까 어머니 말씀이 "사는 사람은 어떡하든 살아요. 당신은 아파서 고통스러운데 이거 하나 못 해주겠어요?" 그때 참 당차시구나 하고 생각했고, 아버지는 참 행복한 남편이었구나, 저런 부인을 얻었으니 얼마나 행복했을까, 생각했었죠. 그래서 어머니와의 전화 통화 후 마음을 다잡고 열심히 할 수밖에 없었습니다.

정정현 프랑스에서 가장 힘들었고 지치고 포기하고 싶은 순간을 조금 더 구체적으로 말씀해주시죠.

권오성 연구를 하다가 딱 막히는 데가 있어요. 내 지식의 한계도 있고 내 머리의 한계일 수도 있고, 그리고 표현에 대한 문제도 있고. 그런 상황에서 교수한테 지적받고 비판받은 일도 있었고. 그러면 겁이 나는 거죠. "자네, 이 정도밖에 안 되나? 이걸 해결 못 하나?" 이런 말을 들으면 몇 날 며칠을 고민하게 됩니다. 그래도 답이 안 나와요. '다음 문장을 어떻게 진행할까, 다음 챕터는 어떻게 정리하지? 이런 내용들이 없는데 어디서 찾지? 내가 아는 걸 이론적으로 설명해 내야 하는데 그런 이론이 없나?' 고민하게 되죠. 아무리 써도 마땅한 답이 안 나올 때나, 주역이나 음양오행 등 어려운 동양철학을 프랑스어로 번역해서 설명해야 할 부분 등등 여러 가지가 있습니다.

사주팔자도 공부하게 돼요. 점을 보는 게 아니라 이론적으로는 터득해야 그걸 설명을 할 수 있을 거 아니겠어요. 그냥 "그런 게 있습니다" 이러면 안 되잖아요. 그런 것들이 막혔을 때 참 난감하죠. 정역과 주역의 64괘를 과학적으로 설명해야 할 때, 밤에 공부하다가 지도를 깔아놓고 분석해본 적도 있습니다. 엉뚱한 발상이지만, '예수는 왜 자기 고향을 떠날 수밖에 없었을까? 왜 돌아와서 다시 공부했을까? 왜 하필 인도로 공부를 하러 갔을까? 인도와 예수가 어울리나?'이런 여러 가지 생각들을 조합하는 거죠. 논리적으로 설명할 수 없는 부분들에 대한 설명력을 갖추는 데는 그런 발상의 전환이 도움이 되기도 했습니다.

남을 설득한다는 것, 특히 다른 문화권 사람들을 설득시키는 것은 결코 쉬운 일이 아니에요. 우리가 불교를 안다고 해서 프랑스 교사가 그걸 모른다고 생각하면 안 됩니다. 그 사람은 거꾸로 인도식으로 불교를 이해할 수도 있고 일본식으로 이해할 수도 있어요. 오히려 내가 아는 것보다 다른 시각, 더 전문적으로 지적할 수도 있다는 거예요. 우리는 우리만의 세계에서 살아온 경험밖에 없었기 때문에 다문화적, 다목적 적인 접근이 많이 필요하죠. 그게 딱 막히면 방황하게 됩니다. 교수 만날 시간은 다가오고, 그때는 "어떡하지?" 하는 말이 절로 나올 만큼 환장하는 거죠. 그렇다고 누구한테 물어보겠어요? 제가 더 많이 알고, 박사 논문을 쓰고 있는 사람인데 어디다 물어보겠어요. 저 스스로 찾을 수밖에.

프랑스에는 박사 논문을 쓰기 전 '박사 과정'이 있어요. 그걸 DEA라고 해요. 심층연구학이라고 하는데, 1년 안에 전공필수 과목 3개, 선택과목 4개를 듣고, 보고서와 논문을 써내고 시험을 쳐서 합격해야 합니다. 엄청 빡빡해요. 박사 과정 전에 그걸 통과해야 비로소 '박사 논문 과정'인 떼즈(Thèse)에 들어갈 수 있는 겁니다. 프랑스는 대학이 4년제가 아니라 3년제인데 아주 엄격합니다. 많이 뽑고 많이 잘라내요. 자격이 안 되거나 시험 통과를 못 하면 가차 없이 중도 탈락시킵니다. 매 학기 학과 사무실 앞에 성적표와 합격자 명단을 붙여놔요. "합격자 보라" 하고 성적을 붙여 놓습니다. 시험 볼 때마다 다 붙여놔요. 통과 못 한 사람은 재수강을 하든지, 아니면 다른 지방으로 가야 합니다. 3년 만에 통과하면 정상적으로 잘 다녔다고 할 수 있어요. 공부 안 하는 사람은 4년, 5년 걸려도 못 할 수도 있는 거예요. 그게 우리랑 다른 점입니다.

심리학과나 스페인어과 같은 학과는 엄청나게 셉니다. 스페인하고 가까워서 스페인어과를 나오면 프리토킹이 돼야 해요. 그걸 보고 깨달은 게, 한국에서 영문과를 나온 친구는 프리토킹을 할 수 있나, 영어 편집이 되나, 국문과를 나온 사람들은 국어 편집 기사 자격증이라도 있나? 한국은 그런 거 없잖아요. 취업 구조도 그렇고 대학 교육이 여러 가지로 엉터리가 많아요. 박사 과정에서 전공필수 과목 시험은 세 과목 중 하나를 봅니다. 박사 과정 학생들이 시험 보는 날, 전공필수 세 과목의 시험 주제가 든 세 개의 봉투를 받습니다. 그중 하나를 선택하면 그게 그날 필기시험 주제가 되는 겁니다. 나머지 2개 주제로는 면접시험을 봅니다. 면접시험도 까다롭습니다.

필기시험은 하나의 주제로 5시간 동안 써서 제출해야 합니다. A3 용지로 한 7~8장 정도를 씁니다. 5시간을 주기 때문에 처음 30분은 이 주제를 어떻게 쓸 것인가 설계하고, 그리곤 정신없이 쓰기 시작합니다. 그렇게 4시간을 씁니다. 그러다 둘러보면 이미 많이들 나갔어요. 그 사람들은 대부분 떨어진 겁니다. 3시간 만에 나갔다는 건 제대로 다 못 쓰고 나갔다는 얘기거든요. 나가는 학생의 뒷모습은 참 씁쓸합니다. 나가는 사람의 심정은 어떻겠어요. 태국에서 온 변호사였다는 친구가 3시간 만에 나가는 뒷모습을 보면서 참 애처롭더라고요.

저도 뼈아픈 경험이 있었던 게, 면접 두 과목 중에 교수 한 분이 입학할 때 저와 말꼬리 잡고 다퉜던 사람이에요. 그 양반이 면접을 봤는데, 국제 정치 과목에서 10점 만점에 1점을 주더라고요. 프랑스 애들도 해도 너무한다, 1점이 뭐냐고 놀라더라고요. 반대로 정치 이론은 7점을 받았어요. 10점 만점에 7점이면 제일 잘 맞은 수준이었습니다. 만만치 않았죠. 박사 과정 통과도 쉬운 건 아닙니다. 저는 박사 학위를 빨리 받고 귀국할 수 있었던 게 매일매일 끊임없이 준비했기 때문입니다. 혼자 밤새우면서 박사 학위 논문을 위한 자료를 A4 용지 한 장씩 번역했어요. 제대로 번역해 놔야 논문에 쓸 수 있잖아요. 그걸 매일 한 페이지씩 2~3년을 한다고 생각해 봐요. 그 정도가 돼야 준비가 되는 거예요. 어느 날 갑자기 되는 게 아니잖아요.

한국은 박사 논문을 쓰는 데 1년이나 6개월밖에 안 걸리지만, 프랑스는 박사 과정 자체가 4년이고 논문을 쓰는 기간이 3년입니다. 논문의 양이 길 수밖에 없고 전문가가 될 수밖에 없어요. 한 주제에 3년 이상을 매달리니까요. 저 같은 경우도 430페이지였는데, 그게 바로 두꺼운 책 한 권이 되는 겁니다. 유럽에서 학위 따기 힘들다는 게 바로 그런 겁니다. 거기는 학위 졸업식 자체가 없어요. 교수 5명이 박사 가운을 입고 들어옵니다. 그분들이 심사위원들이에요. 외부 대학교수들이 두세 명 포함되죠. 저는 그 앞에 앉아서 2시간이나 2시간 반 동안 제가 제출한 논문을 프랑스어로 설명하고 질문을 받고 대답해야 합니다. 그 시간은 정말 살 떨리는 시간입니다.

30분간 논문에 대한 개요와 설명을 하면 교수들이 질문합니다. "읽어보니 이 부분은 이렇던데 그건 어떻게 생각하느냐?"라고요. 그럼, 바로 설명을 해야 해요. 외국인이다 보니 불어가 조금이라도 이상하면 벌써 표정이 찡그려져요. "너 말하는 불어가 지금 이상해" 하는 표정이죠. 그럼 바로 생각을 바꿔서 설명을 짧게 끝내야 합니다. 한국어 하듯이 문장을 길게 늘어놓기 시작하면 문제가 생기거든요. 그런 과정을 거치고 졸업을 하면 샴페인 터뜨리며 "수고했어, 멋있어, 열심히 잘 되길 바라"하고 끝냅니다. 며칠 뒤에 학위증 찾아가라는 게 전부죠.

정서우 박사 학위증을 수여하는 게 아니라 나중에 와서 받아가는 거군요. 쓰고 있던 학사모를 던지는 관습도 없나요?

권오성 없어요. 그건 유럽식이 아니고, 미국식이죠.

정정현 프랑스에서 당당한 한국인으로서 대하고, 차별도 이겨내고, 박사 학위 과정까지 많은 어려움을 이겨내셨습니다. 유학 시절의 경험들이 지금의 권오성을 만드는 데 어떤 역할을 했다고 생각하십니까?

권오성 프랑스에 혼자 있다 보면 어두컴컴한 밤에 많은 생각을 하게 됩니다. 고향이 그립기도 하고 향수병도 느끼지만, 고통이 심할수록 사회에 대한 이해도 깊어집니다. 프랑스는 특히 인종 전시 국가니까 많은 사람을 봅니다. 흑인, 이슬람교도, 아프리카인, 유럽 북쪽에서 온 사람들... 수많은 사람을 겪으면서 한참 쳐다보면, "저 사람이 한국 사람이면 이렇게 생겼겠구나"라는 생각이 들 정도가 됩니다. 그 정도쯤 돼야 세상을 많이 봤다고 느껴지는 거죠.

그런 사람들을 보면서 사람마다 살아가는 처지가 다 다르다는 것을 느꼈습니다. 그래서 프랑스에 있으면서 바뀐 게 있다면, '하이퍼 내셔널리스트(Hyper-nationalist. 극단적 민족주의자)'에서 출발해서 프랑스에서 '휴머니스트'가 되어 돌아왔다는 점입니다. 제가 너무 자민족 중심주의로 생각하며 살았구나 싶더군요. 많은 인종의 고통과 애환을 보면서 휴머니스트가 되었습니다. 사람들을 이해할 수 있게 되었고, 인생이란 무엇인가, 산다는 게 뭔가

하는 생각도 하게 되었습니다.

우리 사회는 아직도 출세나 돈을 버는 것에만 집중되어 있잖아요. 출세하지 못하거나 돈을 못 벌면 무능한 사람처럼 여겨지기고.... 환경이 안 좋아서 재능을 계발하지 못했을 뿐인데, 우리는 보이는 자체로만 평가하곤 하죠. 그런 것을 보면서, 프랑스에서 삶을 바라보는 다른 방법, 살아가는 방법을 보았습니다. 죽었을 때 평온하게 죽는 것이 가장 아름다운 것이지, 한국에서는 흔히 부모가 돌아가시고 나서 형제들끼리 집안싸움에 돈 때문에 싸우는 모습을 보게 되잖아요. 그런 정신과 문화를 많이 고쳐야겠다는 식으로 사회 문제와 정치 문제에 접근합니다. 인간에 관한 생각이 중심이죠. '저 사람이 불행하지 않아도 될 것을 우리 사회가 도움 주지 못해서 더 불행해진 건 아닌가?' 또는 '돈을 번 사람들은 이 사회에서 사람들과 더불어 돈을 벌 수 있었던 건데, 돈 벌었다고 갑질을 하면 되겠는가? 그 갑질이 결국 반항과 폭력을 부르는 것 아니겠는가?' 그런 것들을 바꿔보자는 생각을 많이 하고 돌아왔습니다.

정정현 박사학위 논문의 주제는 무엇이었습니까? 그리고 그 주제를 선택한 이유는 뭔가요?

권오성 한국에서는 접근하기 힘든 부분이었기 때문에 '정치인류학'을 공부하고 연구할 수 있는 나라를 찾았습니다. 프랑스에 '정치인류학' 전공필수 과목이 있었기에 반가웠고, 애초 제 학문의 목표는 '한국 정치를 어떻게 풀어낼까, 해법은 없을까?'하는 것이었습니다. 우리나라가 식민지배와 전쟁의 참화를 겪으면서 미국의 지원을 많이 받다 보니, 표현은 좀 안 좋지만, 은연중에 '미국의 하수인 국가'같은 형태로 발전되어 왔습니다. 적대적인 남북 대치 관계까지 겹쳐서 정상적인 발전을 했다고 보기는 어렵습니다. 그런 상황에서 만들어진 한국 정치를 풀어가는 것도 결국 우리 몫입니다. 우리의 전통과 본질은 무엇인가를 공부하기 위해 정치인류학이 필요했고, 그걸 배우고 연구할 수 있는 프랑스로 가게 된 것입니다.

프랑스에서 정치 인류학이 발달한 이유는 그들이 식민지를 가졌었잖아요. 수백 년 동안 식민지를 지배하려면 그 사람들의 문화나 역사를 부정해서는 지배가 안 됩니다. 그래서 영국도 정치인류학을 가르치죠. 미국에서 몰몬교 전도사들이, 선교사들이 와서 한국말과 한국 문화를 배우고 오잖아요. 똑같은 거예요. 나라를 지배하기 위해서는 그들의 역사와 문화와 행동이나 가치관을 이해해야 되는 거예요. 그걸 알아야 그 나라 사람하고 소통이 되는 거니까, 그것을 학문적으로 체계화시킨 것이 정치인류학인 거예요. 제삼 세계를 통치하기 위해, 그들의 문화를 그대로 받아들이면서 학문적으로 체계화해 놓은 것이 정치인류학이라고 보면 됩니다.

그러므로 역사적 사실과 문화적 경험을 훼손하지 않고 그 학문적 시스템을 만들어 놓은 것이기 때문에, 그 시스템을 갖고 한국을 비교하면 좋은 것이 나오지 않겠느냐는 생각을 했던 거예요. 그래서 논문도 두 개를 쓴 거죠. 박사 과정 통과 전 단계에서는 '박정희 대통령 시절의 산업화'에 대해 썼어요. 아무것도 없던 상황에서 어떻게 산업화를 했을까? 하는 의문에서 출발한 거죠. 압축적 산업화는 강압적 독재 통치만으로 성공할 수 있는 건 아니거든요. 어떤 방식을 써서 대한민국을 산업화했을까? 그것을 찾은 게 제 논문인데, 저는 '제4공화국의 국민 동원 정책'이라고 본 거예요. 국민을 어떻게 동원했을까? 박정희 대통령의 방식이 어떤 거였나 하면, 역사에서 위인을 찾고 그 위인의 얼을 받아서 우리가 이 위기를 타개해 나가야 한다고 하는 접근법을 쓴 거예요. 그래서 박정희 대통령 때 부각한 영웅이 바로 이순신, 세종대왕 같은 위인들이죠. 아무것도 없는 토양 속에서 의지를 만들어내고 그 의지가 불타오르게끔 조직화한 거죠. 그렇게 해서 새마을운동을 펼치고 '조국 근대화의 기수'나 '중단 없는 전진'이라는 표어를 심어주면서 국민을 동원하고 부추긴 거예요.

그런 의식이 생기니까 일요일도 일한 것이죠. "잘 살아보세"라는 용어가 다 표현하는 거잖아요. 시골에서 고생하던 어머님들이 시보리를 뜨고, 딸들은 섬유공장에 가서 옷 만들고 염색해서 수출하고, 동대문, 창신동 같은 곳에서는 의류를 제조해서 시장에 팔고 하면서, 토요일, 일요일 없이 가족을 먹여 살리면서 나라의 수출역군이 된다고 하니까 다들 힘을 낸 거였죠. 그런 일련의 과정이 결국 국민 동원을 한 것입니다. 선진국에서 우리를 볼 때 '맨데브흐(Main-d'œuvre)', 즉 '값싼 노동력'으로 성공한 나'라고 하죠. 박정희 대통령이 국민을 의식화시켜 동원하여 값싼 노동력을 제공하면서도 일을 열심히 할 수밖에 없는 구조를 만들어낸 거죠. 그래서 그 시절에는 다들 내가 애국자가 되고, "애국은 내 집 앞 쓸기부터"라든지 그런 표어들이 나오고 그랬잖아요.

그 이후 박사 논문에서는, 한국 정치를 외국인들 앞에 풀어서 이론적으로 설명하기 위해, 한국인이 가진 역사적 본질, 문화의 특징, 그리고 어떤 역사 과정을 거쳐 왔는가? 왜 한국에서는 종교 전쟁이 일어나지 않는가? 이런 것들을 해석해놓았어요. 그리고 한국인의 민족적 토양은 무엇인가? 유교 문화와 불교 문화 등을 망라해서 제가 아는 지식 전반을 정치인류학에 접목해 넣은 거죠. 그래서 '한국에서의 국가와 정치'라는 주제와 '정치 인류학적 접근'이라는 부제로 논문을 쓴 겁니다. 그 논문을 완성하면서 제가 학문적으로 하고 싶었던 것을 이룰 수 있었다고 봅니다. 그리고 그것을 바탕으로 한 결과물로 '국민중심주의'라고 하는 용어와 사상을 만들어냈던 겁니다. 남들은 어찌 평가할지 몰라도 제 나름대로는 성공한 거예요. 적어도 학문적으로는.

정정현 정치인류학과 박사 논문 자체가 한국 정치학계에서도 굉장히 생소한 부분이었고, 정치인류학에다 한국의 고유한 전통과 문화, 동양적인 가치들을 융합해서 펴낸 논문이라면, 굉장히 주목을 받았을 것 같은데, 어떻습니까?

권오성 아쉬움이 좀 있어요. 한국에서 책으로도 출간했지만, 지도교수하고 약간의 갈등이 있었습니다. 지도교수가 볼 때는 '저 놈에게 내가 배우고 있네?'아마 이런 생각을 하셨을 것 같아요. 지도교수의 처지에서는 자존심 상할 수가 있죠. 지도교수지만 자신은 모르는 분야이고, 정치인류학을 다루면서도 주제는 한국적인 내용이니까 더더욱 생소하고.. 그런데 제자가 주장하는 이론대로 정리하다 보니까 지도교수가 오히려 끌려가는 것 같은 느낌이 들었을 거 아니에요? 논문을 쓰는 과정에서 조선 시대까지 오던 문화적 특징이 해방 후와 일제 강점기를 거치면서 갑자기 바뀐 걸 쓴 부분이 있어요. 그 부분을 잘 설명하고 넘어가야 다음 연결이 되는데, 지도교수님이 그걸 시비를 건 거예요. "이건 역사 논문이 아니야. 이런 부분은 필요 없어." 그래서 저는 "이 부분은 꼭 필요해요. 전통문화와는 너무 상이하게 바뀌었기 때문에 이에 대한 설명 없이는 이해가 안 됩니다"라고 했죠. 그런데 교수님이 계속 빼라고 우겼어요.

그래서 그 부분을 빼고 논문심사에 들어갔어요. 그런데 다른 학과장이 그 부분을 지적하는 겁니다. "1부를 흥미있게 읽었다, 2부는 한국 현대사니까 판이하게 진행이 됐는데, 설명이 좀 안 되지 않느냐?"라고요. 그러니까 제 지도교수님 낯빛이 확 바뀌어 버리더라고요. 좋은 논문으로 평가받을 수 있었던 부분을 본인의 억지로 빼버리는 실수를 했잖아요. 자기가 다른 교수님들 데리고 나가서 설명하더라고요. 그래서 한 등급 낮게 평가받은 게 아닌가 하는 생각을 합니다. 빠진 부분은 한국에 와서 책으로 낼 때 다시 살려서 냈죠. 그리고 한국학회가 항상 권위적인 풍토가 상당히 강하기 때문에 제대로 인정받기란 쉽지 않았던 점도 있었습니다. 어쨌든 책으로 출간해서 강의할 때 많이 썼어요.

정정현 책 제목은 어떻게 됩니까?

권오성 '한국인의 국가와 정치'입니다. 학교 강의하면서 한 2천 권 팔았을 거예요. 그런데 뿌듯했던 게 뭐냐면, 수업을 들었던 학생이 그 책을 읽고 "이런 책을 기다렸어요"라고 말해 줄 때 큰 자부심을 느꼈어요. 공부에 진심인 사람은 반드시 알고 싶어 하는 부분이니까요. '한국 사람은 어떻게 생각하는가? 동양 철학에서는 어떻게 해석해야 하는가?' 그런 걸 쉬운 용어로 설명해주니까요.

예를 들면, 사주팔자라고 하면 사람들이 잘 이해를 못 하지만, 천간(天干) 지지(地支)잖아요. 10개의 천간과 12개의 지지 조합에 의해서 60가지가 나오는 거잖아요. 그걸 한 번 지나가면 환갑이라고 하는 거죠. 천간 10개 (甲갑, 乙을, 丙병, 丁정, 戊무, 己기, 庚경, 辛신, 壬임, 癸계)는 아무것도 없던 곳에서 태동이 시작되는 순서예요. 땅의 형상도 마찬가지예요. 1에서 12까지가 변화하는 양상과 특성이고요. 그걸 조합하면 하늘의 기운과 땅의 기운이 합쳐져요. 그걸 가지고 해석을 하는 것을 오행(수, 화, 목, 금, 토)으로 엮습니다.

사주팔자 여덟 글자를 오행에다 넣고 "수가 강하네, 금이 강하네, 불기운이 있네" 이렇게 해석을 하는 거예요. 그것이 잘 연결된 사람은 사주가 좋다고 말하는 거고, 나쁜 사람은 살다가 부서지는 날이 있다고 말하는 거죠. 그것을 일기(日氣), 월기(月氣), 연기(年氣)에 맞추면 오늘의 운세, 이달의 운세가 나오는 겁니다. 그런 구조를 설명해 주는 거죠. 그런 논리적인 방식으로 하니까 수리철학인 것이지, 점으로 보면 안 됩니다. 그걸 가지고 사회 현상을 설명해 왔던 것이죠. 그래서 현재까지도 이사 가는 날을 잡고 하는 풍습이 남아 있는 거예요.

예전에는 서로 얼굴도 못 보고 사주단자 교환하면서 그 사람의 사주를 보고 서로 맞나 안 맞나를 본 거잖아요. 그런 기법이 들어가 있는 거죠. 풍수도 다 연결돼 있어요. 그런 자연 친화적인 사고가 동양적인 사고였고, 거기에 유교 같은 학문과 사상이 덧붙여져서 행태학을 만든 거죠. 그런 것을 이해해야만 한국인의 사고방식이나 문화를 이해할 수 있는 거고, 사고와 문화를 이해해야만 정치가 왜 이렇게 되는가를 이해하는 거예요. 그걸 연구한 것이 정치인류학인 거죠.

정정현 학자로 대학 강단에 서게 됐는데, 당시 제자들에게 강조했던 핵심적인 가치는 어떤 거였습니까?

권오성 제가 학생들에게 항상 말해 온 건, 일단 실력을 갖춰라. 논리적으로 생각하고 논리적으로 서술해라. 논술이라는 게 바로 그거거든요. 설명은 이것저것 들어갈 수 있지만, 논술은 논리적인 서술입니다. 합리적인 사고를 갖고 계산적으로 만들어야 해요. 전공했다면 그런 것들을 갖추라고 한 거죠. 유학 가기 전에 공부에 대한 스트레스도 많다 보니까, 당시 후배들은 '선배님 옆에 가기가 힘들다, 지적당할 것 같아서.' 그리고 '선배님은 화장실도 안 가는 사람인 줄 알았다.'라는 말을 많이 들었어요. 제가 그렇게 보였던 것 같아요. 그때도 공부를 많이 했고 여행을 하면서도 공부한 것을 바탕으로 세상에 접근하며 사고를 하며 분석적으로 따져봤었어요. 그래서 영문과를 나왔는데 영어 못한다고 하면 "너 졸업하지 마"라고 하기도 했어요. "너 같은 애들이 나가면 민폐고 사회 경쟁력을 떨어뜨린다. 영문과 나와서 영어도 못 해? 그럼 넌 졸업하면 안 되지."이러니까 누가 좋아했겠어요. 그렇지만 제 말이 틀린 건 아니잖아요.

저는 당시의 한국 사회의 문제도 그렇게 봤어요. 영문과를 나왔으면 시험을 봐서 통. 번역 자격증을 주고 취업시키면 수도권 중심이니 뭐니 하는 말도 없어질 것 아니냐? 하고. "문. 사. 철(문학·사학·철학)은 취업이 안 된다."라는 말도 저는 비웃었어요. "자격증을 만들어라, 역사면 역사 해석이나 역사 교양을 가르칠 수 있는 자격증을 많이 만들어서 그걸 직업군으로 만들면 취업은 더 쉽게 될 거 아니냐"이겁니다. 교수랍시고 앉아서 아무것도 안 하면서 학생들 취업이 안 된다고 하면 안 된다는 거죠. 국문과도 편집 기사 1급, 2급 자격증을 만들면 됩니다. 국가고시를 통해서 대학을 졸업했으니까 그 자격증을 따서 취업하면 될 거 아니냐. 그런데 국문과를 나왔다는데 실제 공부를 잘했는지는 아무도 몰라요. 판단 근거가 없어요. 다들 대학에 다녀봤기 때문에 학교 성적은 서로가 안 믿어요. 그러니까 지금의 취업난은 대학의 문제지, 학생들의 문제는 아니라는 거예요. 학생들은 그런 구조와 시스템에 적응만 할 뿐이죠.

그런 비판 의식을 학생들에게 많이 줬고, 시험 볼 때도 항상 그랬어요. "지식은 기본적으로 갖추는 것이고, 그 지식을 통해서 네가 뭘 알고 있느냐를 써라. 네 생각을 논리적으로 써라. 네 생각을 논리적으로 못 쓰는 건 소용없는 거고, 그렇다면 학교에 다닐 필요가 없다."항상 그런 식으로 얘기를 했어요. 싫어하는 학생도 있었겠지만, 99명이 싫어해도 한 명이 제대로 받아들이면 좋은 것으로 생각했습니다.

정정현 지식을 인용만 하지 말고, 그 지식을 가지고 뭘 할 것인지, 어떻게 이해했는지를 말할 수 있어야 한다는 얘기네요.

권오성 그럼요. 저는 페이스북도 10여 년 했지만 남의 것을 가져와 써본 적이 없습니다. 다 제 생각을 써요. 내가 정치를 바라보는 관점과 분석 결과 등 모두 다 내 것을 쓰지 남의 것을 왜 인용하나 했죠. 어떤 학자들은 유명 학자들의 말을 인용해서 분석하는 걸 자랑처럼 얘기해요. 우리나라 학자들 보면 외국 학자들 이름을 너무 많이 외워요. 그 사람만 그런 얘기를 했겠어요? 그런데 꼭 그 사람 들먹여서 쓰면 자기가 유식한 사람처럼 보인다고 생각하는 게 우습다는 얘기죠.

정정현 저도 얼마 전 데이비드 이스턴David Easton을 인용했었어요.

권오성 유명한 사람이죠. 그 사람은 정치 체계론에서 아주 유명한 사람이니까 필요하죠. 정치체계 이론을 처음 한 학자니까. 가장 중요한 내용을 비교하면서 쓰는 건 상관없는데, "누가 이렇게 말했으므로 그게 당연히 진리다"라는 것은 아니라는 거죠.

정정현 존경하는 정치학자나 철학자라면 누가 있습니까?

권오성 한국 인물을 들고 싶은데 불행하게도 제가 배운 교육 시스템에서는 한국 학자들에 대해서 알려진 내용이 별로 없어서, 아쉽지만 외국 학자를 들 수밖에 없는데요. 제나라 환공의 정치 책사였던 관중(管仲)을 동양 최고의 정치 참모이면서 학자라고 봅니다. 관중만 제대로 읽어도 대단해요. 예의염치를 알게 하는 것이 정치를 올바르게 하는 것이다. 제 책 중에도 인용해서 쓴 책이 많이 있습니다. '관자(管子)'라는 책은 사후에 누군가 정리하고 증보를 낸 것이죠. 그런데도 참 훌륭하다 싶어요. 제가 썼던 리더십 관련 책에 그 부분이 잠깐 나와요. 핵심만 요약해 놓은 책이기 때문에 그것만 알아도 관자의 대부분을 읽었다고 말할 수 있을 겁니다.

그리고 이탈리아 통일의 꿈을 그린 마키아벨리Niccolò-Machiavelli를 존경합니다. 사람들은 흔히 마키아벨리를 권력 획득을 위한 권모술수에 능한 사람이라고 평가하는데 초창기에 일본 학자들이 그렇게 봤는데 굉장히 잘못 본 겁니다. 쇼펜하우어가 염세주의 철학자라고 알려져 있잖아요? 제가 읽은 쇼펜하우어는 그렇지 않고 뛰어난 휴머니스트입니다. 그런데 왜 염세주의자가 되었는가? 일본 학자들이 그렇게 적으니까 한국 학자들은 그대로 베껴서 염세주의자라고 하죠. 마키아벨리가 어떻게 권모술수만 부리는 사람입니까? 그는 이탈리아의 통일을 바라던 학자예요. 정치는 이렇게 하는 것이 좋다고 분석서를 쓴 거죠. 그것이 교황청하고 안 맞으니까 금서로 지정됐던 것이지 책이 나쁜 게 아니에요. 이탈리아 통일을 위한 여러 가지 설법說法들을 쓴 거죠.

정정현 저도 고등학교 때 배울 때는 수단과 방법을 가리지 않는 통치전략과 권력 장악에 대한 강렬한 집착을 지닌 마키아벨리라고 배웠거든요.

권오성 우리 교육에 그런 문제들이 있어요. 권력을 취하고자 하는 건 누구나 마찬가지요. 이기려고 정치를 하는 거지 지려고 하는 건 아닌 게 당연한 거예요. 단지 이기는 것의 목적이 뭐냐가 중요한 거예요. 지엽적인 것만 보고 목적을 안 본 거죠. 저는 마키아벨리를 '애국자'로 봤어요. 자기가 쓴 책이 안 받아들여져서 불행하게 살다 죽었지만 훌륭한 사람입니다. 우리나라에도 그런 유학자들이 아마 있었겠죠.

정정현 마키아벨리는 불분명한 명분보다, 확고한 기준, 현실적인 계획과 신념을 가져야 한다는 걸 설파한 걸로 알고 있거든요.

권오성 뿐만아닐 정치학자로서 그런 실행을 했던 사람이기도 합니다. 우리가 편향된 일본식 해석을 받아들이면서 잘못 소개된 측면이 있죠. 일본이 초창기에 서구의 책이나 인물을 활발히 번역하여 소개하던 당시, 일본은 천황이 지배하는 국가였어요. 거기다 대고 마키아벨리 같은 얘기를 하면 어떻게 되겠어요? 반역으로 몰리게 되죠. '민주주의'라는 말도 잘못된 용어잖아요. '민주제'로 해야 맞는데, 천황이 있는데 민주제를 쓰면 혁명하자는 거야? 이렇게 되기 때문에 일본 학자들은 그렇게 쓸 수 없었던 거죠. 그걸 의식 없이 받아들여서 쓰고 있는 우리가 문제인 거죠.

정정현 사실 우리가 일본의 지배를 받을 수밖에 없었던 국력의 한계, 시대적인 비극이라고도 봐요. '수학'이라는 용어도 일본어에서 왔는데, 그건 수의 학문이 아니거든요. 논리실증학인데 수학으로 번역되면서 연산학처럼 치부되는 측면도 있듯이.

권오성 우리나라에서 '학자가 없다. 학문하는 사람이 없다.'라는 말이 그래서 나오는 거예요. 그냥 외국어 갖다 번역해버리는 풍토니까. 우리 교육학도 미국의 피바디(Peabody) 대학 것을 번역해서 갖다 쓴 거 아니에요? 그러다 보니 맞지도 않는 거 쓰고, 나중에는 고치느라고 정신없고, 그러다가 다시 환류還流되고 하는 과정이죠. 제가 정치학을 공부하고 인류학을 했던 이유가 바로 그런 목적이에요. 우리 나름의 시각, 우리 나름의 것, 이것을 연구해야 한다는 생각이었죠. '대한민국에 학문이 있는가?'라고 질문했을 때 자신 있게 말하는 사람 없었다고 봅니다. 왜냐면 학문을 이루는 용어가 다 외국어라는 겁니다. 한국화시켜야만 그때부터 우리 학문이란 말이에요. 이게 안 돼 있으니까 계속 종속 구조로 가는 거예요.

역사도 똑같아요. 역사 보는 시각이 중국 서적 갖다 놓고 베끼고 있으니까 사대주의가 안 될 수가 없는 거예요. 실증을 안 해봤으니까. 이제 그런 단순함에서 벗어나야 하는 거죠.

정정현 현재까지 남아 있는 본인의 결핍이나 콤플렉스는 혹시 없으신가요?

권오성 저는 할머니 할아버지 얼굴을 모릅니다. 외가 본가 모두 다. 양가 부모님 말씀이나 고모부 말씀에 의하면 "너희 집 대단했던 집안이야."라든가, "어머니 가문은 5대째 어사를 했던 집안이야."하는 소리만 들었죠. 그런 말들을 피상적으로 듣고 했던 말이 기억나요. "그럼 친일파였겠네요? 외할아버지는 와세다 대학을 나왔고, 어머니의 오빠도 일본에 유학 가 있었고, 큰아버지는 면장이었고. 그럼 뻔한 거 아녜요?"제가 그렇게 말하자, 고모부 말씀은 "너희 할머니는 시집올 때 가마 타고 오다 내려서 비단을 깔고 걸

어왔다"라고도 하시더군요. 그런 얘기를 들으니까 엄청나다고 생각은 했죠. 그러다가 어느 순간 나의 뿌리라도 한번 알아보자 싶었어요.

그래서 족보 책을 뒤지게 됐고 '잘 나갔던 집안'이란 걸 확인했고, 역사학에 관심이 있다 보니 그런 사실들을 학문적으로 승화시키게 된 거죠. 어머님 가계 혈족도 다 돌아가셨을 거고, 북에서 떠나오신 것도 그렇고. "북쪽의 집안 유산은 어쨌어요?"물어보니 "이젠 기억에서 잊어버렸다"라는 말씀도 하셨는데, 어쨌든 가계의 혈통을 잘 모른다는 게 저의 콤플렉스입니다.

정정현 미국에서도 여러 가지 활동을 하셨던데 대표적으로 미주한인포럼 초청 강연도 하셨고, 국회 미래연구원의 정책연수도 다녀오셨는데 미국에서 활동은 어땠는지요?

권오성 미주 한인 사회에서 꽤 알려진 한인 교포가 계셨는데 제가 페이스북에 써 온 의회 양원제나 한국 정치의 여러 가지 문제들에 대한 글을 오랫동안 봐 오시다가 "미국 와서 강연을 한번 해주시오" 해서 2015년에 LA로 초청받아서 강연한 적도 있어요. '한국 정치의 문제와 해법'에 관한 2시간 강연이었어요.

2019년에는 민주평화당에서 일할 땐데, 국회 미래연구원 프로젝트의 하나로 미국에 가서 학술세미나를 진행한 일도 있습니다. 제가 맡은 주제는 '예산을 어떻게 더 효율적으로 쓸 것인가?'하는 문제 등 '한국 정부 예산의 문제점'에 대한 내용이었습니다. 주로 그런 활동들이었습니다.

정정현 그때 주제와 관련하여 발표하거나 토론했던 내용을 좀 더 상세히 설명해주시면 고맙겠습니다.

권오성 국가 예산 문제도 정치의 한 영역입니다. 우리나라 정부 예산의 가장 두드러진 문제점이라면, 법에 따라 집행하지 않는다는 문제입니다. 기획예산처에서 예산을 편성해 국회 심의에 올려서 국회에서 승인해주기만 하면 그냥 집행하는 게 현실이에요. 제대로 집행하려면, 예를 들어 교육부에서 예산을 집행하려면 '교육부 예산 집행에 관한 법'을 만들어 그 법 테두리 안에서 예산을 써야 하는 거예요. 그런데 우리나라엔 그런 법도, 관행도 없어요. 그러니까 감시와 감독이 허술할 수밖에 없고, 국회의원은 그런 상황을 악용해서 자기 지역구의 특별교부세를 거기서 받아오곤 하는 거죠. 예산 집행이 이상한 형태로 악순환이 되는 거죠. 그렇게 법 없이 쓰는 나라가 세 나라가 있어요. 한국, 스위스, 일본. 그렇지만 스위스나 일본은 그나마 의회 양원제라서 세입세출에 관해선 두 의회의 심사를 각각 받아요. 그러니까 감시와 견제가 이중으로 작동되는 거죠. 단원제 안에서는 예산 집행에 관한 법이 없는 나라는 세계에서 한국이 유일무이합니다. 그러니까 '헛구멍이 많다'라는 얘기가 나오는 거예요.

그 다음에 미국에 가서 확인하는 중요한 내용이 뭐냐면, 미국은 의회에서 학자들이나 전문가에게 특정 부문의 예산 관련 연구보고서를 요구할 때 연구비를 지급합니다. 그럼, 그 연구비를 받은 사람이나 기관은 연구보고서를 지방정부의 공공도서관장한테 제출해요. 도서관장은 정치하고 별 관계가 없잖아요. 그러니까 정치인이나 정당에서 압력을 받지 않는다는 거죠. 연구보고서를 그대로 전달해주기만 하면 끝납니다. 그런데 우리나라에선 예산 심의와 예비타당성 용역 등의 감사와 승인 권한이 국회에 있잖아요. 정치인들의 영향을 받으니까 제대로 된 보고서가 안 나올 확률도 있죠. 한국에서 예산 집행의 문제점들이 많습니다.

미국 예산처도 방문해서 미국 공무원들한테 물어봤어요. 한국과 미국 정치의 가장 특징적으로 다른 점이 뭐라고 생각하느냐고 물어봤더니 미국 공무원이 간단하게 말하더군요. "한국 정치나 미국 정치나 문제는 다 있지만, 우리는 적어도 짖을 수는 있다"라고 하더라고요. '짖을(Bark) 수 있다'라는 그 말이 와닿더군요. 미국 사회 시스템은 관계 기관이나 공무원이 정치인이 문제가 있다고 판단될 경우, 비판이나 반론 등 자유로운 권리로서 발언할 수(짖을 수) 있다는 거예요. 공무원이 정치인의 잘못에 대해 경고할 수 있다는 거죠. 그게 제도적으로 돼 있다는 게 차이점이라는 거죠.

정정현 저도 처음 듣는 얘기입니다. 공무원이 제도적으로 발언권이 있다는 것과 예산 집행에 관한 입법이 되어 있다는 건 굉장히 놀랍네요.

권오성 제가 아마 의회 양원제를 한국에서 처음 제기했을 거예요. 2006년에 프레스센터에서 발표했어요. 그 당시 유명한 정치학자들을 불러서 발표했는데 별 관심을 안 가지는 것 같더군요. 여론조사를 하면 한국인이 원하는 정치제도로는 대다수 '대통령제'로 응답이 모여져요. 의회 단원제가 문제 있다는 얘기를 아무도 안 해요. 역대 국회의장들이 이따금 의회 양원제도 필요하다고 말하면 욕먹고 지나가 버려요. 국회의원들의 일종의 기득권 심리 같기도 하고....

OECD 국가, 인구 천만이 넘는 국가, 선진국 중에서 의회 양원제를 안 하는 유일한 나라가 우리나라입니다. 물론 터키도 의회 단원제를 하는데 사실상 독재국가이니 제외하고.. 우리나라에서 유행처럼 나오는 말이 '제왕적 대통령제인데, 이승만 정부 시절 최초 헌법 초안의 핵심이 '내각제와 양원제'예요. 정치하기 위해서는 일단 의회부터 구성해요. 그런데 단원제 의회에서는 과반수 의석을 차지한 정당이 무조건 주도권을 잡게 되잖아요. 그건 불합리하죠. 그런 문제를 걸러내기 위해 만든 게 양원제예요. 직접 투표로 뽑은 의회 하나, 지역 대표로 뽑은 의회 하나, 이렇게 해서 의회를 2개를 두죠. 그래서 상호 견제도 하고, 법안이나 국정 또는 사회 현안을 또 한 번 더 거르기도 하고 해서 안정성을 확보하는 거예요. 그 의회에서 행정부 시스템을 결정하는 겁니다. 국민이 선출해 준 의회에서 대통령제든 내각제든 프랑스식 이원집정부제든 결정하는 거예요.

사법부도 국민이 결정하고 선출하게 해야 해요. 대법원장도 이제 '사법부 선거제'를 통해 국민이 뽑아야 해요. 우리나라는 대통령이 대법원장을 지명해요. 대통령이 만일 여당의 대표고 여당의 힘이 더 많다면 자동으로 대법원장은 여당 추천 인사로 지명되고 사법부는 대통령과 여당의 영향을 받게 돼요. 대법관도 대법원장 추천, 여야 정당 추천을 통해 임명하는 구조이니 집권당과 대통령이 절대적으로 유리할 수밖에 없는 구조죠.. 헌법재판소도 똑같습니다. 대통령 추천 3명, 여당 추천 3명, 그렇게만 해도 6명이잖아요. 헌법재판은 6명의 찬성이나 반대라면 그대로 결정이 나버려요. 그러니 집권만 하면 못 할 게 뭐가 있겠어요? 사법부 독립은커녕 종속될 수밖에 없죠.

배운 사람들이 이런 제도적인 문제를 지적을 안 하고 있다는 게 문젭니다. 특히 정치학자들에 대해서 몹시 화가 납니다. 정치학자가 그 지적을 안 하면 누가 해주겠어요? 그리고 헌법 개정 논의를 하면서 웃기는 게, 권력구조에 대한 부분은 정치학자한테 맡겨야지 왜 헌법학자에게 맡기죠? 권력구조 분야는 정치학의 고유하고 중요한 연구 분야인데 정치학자들한테 맡겨야 맞죠. 그러니까 자꾸만 왜곡되고 표류하고 있는 겁니다.

정정현 현행 제도적으로 보면 사법부는 당연히 정치권에 종속된 구조예요. 방금 말씀하셨다시피 6 대 3 구조로 결정되어 버리니까. 그래놓고 사법부 독립을 얘기한다는 게 모순이라 생각됩니다.

권오성 4.19혁명이 나서 바뀐 2공화국 때는 대법원장도 선거인단을 만들어서 선거로 뽑자고 헌법에 쓰여 있었어요. 지금도 그걸 실현하지 못하고 있는 거죠. 우리 정치가 얼마나 후진적이냐 하면, 정치인들의 권력 이해관계만 갖고 있지 국가가 발전하는 문제는 그다음 순위라는 거예요. 굉장히 잘못된 사고방식입니다. 그 자리에서 결국은 다 내려오잖아요. 본분을 지킬 줄 알아야 한다고 얘기하고 싶은 거예요.

정정현 그러면 대배심 제도에 대해서는 어떻게 생각하십니까?

권오성 배심원 제도, 필요하죠. 법으로 모든 걸 결정할 수는 없어요. 법도 사람이 하는 거예요. 적어도 민사소송이나 형사소송에서 심각한 문제는 배심원 제도로 결정하는데, 법으로 판단이 모호한 부분이 있고, 너무 약하거나 너무 강한 부분도 있어요. 사람 사는 게 법조문의 규정처럼 딱 맞아떨어지질 않아요. 문제가 빚어지는 환경 자체에 변수가 많고 사람이 감정적인 동물이기 때문이겠죠. 그런 경우에는 민의를 받아들인다는 차원에서 배심원 제도를 하는 것이 맞는다고 봐요. 형량은 판사가 결정하되 사람에 관한 변론 내용이나 배심원들의 시각이 바로 그 시대를 살아가는 사람들의 시각이잖아요. 그걸 받아들이는 것이 법적인 오류나 실수를 줄이는 데 매우 필요하다고 봐요. 판사가 판결로 인한 엄청난 심리적 압박도 있을 거니까요.

살인자가 죽을 때 의사를 앞에 두고도 누가 자신을 해치려 한다며 두려워하다 죽었다는 얘기가 있어요. 사람을 죽인 살인자도 자신이 사람을 죽인 것에 대해서 잘했다고는 안 해요. 안 그런 척할 뿐이지, 그런 생각을 가지며 사는 거예요. 그러나 막상 자신이 죽는 순간에 이르니까 그 잔인했던 살인자도 누가 와서 자기를 해친다는 환상을 보는 거란 말이죠. 그러니까 평범한 사람들의 생각과 시각이 모이면 합리적인 상식에 따른 판단으로 귀결될 수 있는 겁니다. 게다가 판사에 대한 압박감도 좀 덜어주는 효과도 있고 해서 배심원 제도는 꼭 필요하다고 생각합니다.

정정현 현대 민주주의 출발은 왕권 제한, 법 앞의 평등, 의회 민주제로 시민적 권리를 선언한 마그나카르타 권리대장전이라고 하는데, 이에 대한 견해도 말씀해 주시죠.

권오성 점진적 의회주의를 통해서 민주성을 확보한 게 영국의 사례이고, 전제군주제의 횡포에서 벗어나려고 시민이 봉기한 것은 프랑스 혁명입니다. 프랑스 혁명으로부터 성립된 민주주의가 현재 유럽 사회를 지탱하고 있는 현대적 민주주의이고, 의회주의 귀족들을 중심으로 왕권과 대립해서 의회의 권한을 늘려온 것이 영국식 민주주의의 발전 과정으로 미국식 의회주의적 민주주의의 바탕이 된 경험적 민주주의입니다. 영국식 의회주의도 한 번에 된 게 아닙니다. 프랑스는 혁명을 통해서 일거에 권력 체제를 바꾸게 되었지만 프랑스 혁명 정신인 '자유, 평등, 박애'도 잘못 번역된 겁니다. 자유, 평등, 우애이지 박애가 아니에요. 리베르떼(Liberté), 에갈리떼(Égalité), 프라테르니떼(Fraternité)

라고 해서 자유, 평등, 우애가 핵심 가치입니다. 프랑스 혁명에는 '박애'라는 표현이 없어요. 일본 학자들이 번역하면서 '박애'로 쓴 거예요. 한국에서 그걸 그대로 받아들여서 '한없는 사랑'인 줄 알아요. (웃음) 혁명을 한 사람들이 왜 한없는 사랑을 하겠어요. 혁명을 같이 지지하는 동지들에 대한 사랑인 '우애'인거죠. 이 번역을 잘못해서 프랑스를 환상의 나라인 것처럼 보이게 한 측면도 있어요.

정정현 20대 청년 권오성이 꿈꾸었던 이상적인 대한민국은 어떤 모습이었습니까?

권오성 20대 때 한참 기고만장했을 때인데, 그때는 유라시아 대륙을 관통하는 중앙아시아, 몽골, 만주를 연결하는 루트의 통합 제국 'United Nation of Great Khans', 말 그대로 '유라시아 통합 대한민국'을 건설하면 좋겠다 하는 생각이었고, 지금도 그게 꿈입니다.

정정현 현실적으로 가능하다고 보십니까?

권오성 전 가능하다고 봐요. 제가 하면. (웃음) 중앙아시아의 '~스탄'계 국가들과 몽골은 유목민족으로서 우리나라와 유사성이 있어요. 최근 우리가 이미 카자흐스탄, 우즈베키스탄 등지에 철도도 놓는 등 많이 진출하고 있잖아요. 거기까지도 된 거예요. 만주나 러시아가 연결된다면 유라시아가 한반도로부터 모두 연결이 되고 유라시안 국가연합이 만들어질 수 있는 거죠. 러시아가 시베리아 영토를 우리한테 관할권을 양여讓與해 주거나 개발 권한을 줘서 몽골까지 연결하게 된다면 러시아와 중국을 나누는 중간 벨트가 터키까지 연결되는 겁니다. 그 지역을 지배하는 게 아니라 연결하여 공생. 공영하는 거죠.

청산별곡이라는 고전 가사가 있는데, 그 내용 중에는 특이한 후렴 구절이 나와요. '얄리 얄리 얄라셩, 얄라리 얄라'라는 구절인데, 그걸 제대로 설명해 놓은 국어책이 없어요. 그냥 단순 후렴구래요. '얄라리 얄라'가 한국어예요? 언제 우리가 '얄라 얄라'라는 말을 했나요? 제가 알기로 그건 아랍어 아니면 터키 쪽 언어예요. 그쪽에는 '얄라송'이라는 노래도 있어요. 청산별곡을 쓴 작자가 실크로드를 오가던 무역상으로 고생도 많이 하고 전쟁도 겪고 해서, 마지막 후렴구에서 '고향에 돌아가서 편하게 살고 싶다'라고 노래하는 구절이라고 생각해요. '얄라리 얄라'는 '좋다, 좋아. 돌아가서 살련다.'이런 의미의 후렴구라고 봅니다. 잘 연구해보면 그렇게 해석될 텐데, 우리 국어학자들은 어째서 그냥 후렴구라고만 하는가 하는 생각이 들어요.

고려시대에 언제 '얄라리 얄라'라는 말을 썼냐 이 말이죠.

유라시안 국가연합 구상은 사시사철 자유롭게 유라시아를 오가면서 인생의 맛도 느껴보고 유라시안 국가 간 서로 평화롭게 공생, 공영하자는 바람입니다. 고려시대는 그게 가능했잖아요. 벽란도에까지 이슬람 상인들도 오곤 했잖아요. 그 시절을 다시 한번 연결해서 좋은 시대를 만들어보자는 거지, 남의 나라를 지배하자는 게 아니에요. 그런 건 생각조차 해서도 안 돼요. 모든 인간이 다 불쌍하다고 생각해요. 세상에 태어나서 한평생만 살다 가는데, 왜 그렇게 못살게 굴고 괴롭히고 때리려 하느냐 말이죠. 아무리 잘 나고 힘이 세도 어차피 밥 10끼는 못 먹잖아요. 남으면 남도 주고 해야지. 그렇게 서로를 배려하고 베푸는 세상을 제도적으로 만들자는 거예요. 그게 복지 사회, 복지 국가가 아니겠어요?

정서우 정치학자로서 여러 저서를 펴내셨는데, 본인의 철학이 가장 잘 담긴 책과 내용은 무엇인가요?

권오성 정치학 개론서 같은 건 학생들 가르치기 위해 쓴 거고, 학술적으로는 정치인류학 분야 전문서적인 '한국인의 국가와 정치'가 대표적입니다. 사실 학자의 꿈이란 다른 학자의 글을 인용하지 않고 자신이 직접 쓴 책, 내 생각을 그대로 풀어놓은 책을 펴내는 것입니다. 남의 지식 따서 쓰지 않고 자신이 처음부터 끝까지 쓴 책. 그런 책이 '정국론(正國論)'이라는 책입니다. 제 사유 체계를 풀어놓은 책입니다. 그걸 써냈으니까 크게 아쉬운 건 없어요. 95년 12월에 박사학위를 받고 2000년도에 쓴 책입니다. 그 후로 4년 동안 매년 책을 냈어요. 그 후로는 책을 안 썼어요. 다져왔던 이론이나, 하고 싶은 말은 이미 다 썼는데 그것을 현실에서 실현하는 게 중요하죠. 그래서 지금 지방선거에 나서게 된 겁니다.

정서우 학자의 길을 두고 정치권이라는 험난한 길에 왜 뛰어들게 되셨는지 설명 부탁드려요.

권오성 남들이 볼 때는 충남대 나와서 프랑스 가서 박사학위 바로 받고 하니 잘났다고 생각했겠지만, 저 스스로는 충남. 북 대학 출신으로는 정치철학 분야에서 첫 번째로 유학 갔다 온 정도로만 생각했어요. 그런데 학계 사람들은 그렇게 생각 안 한 거예요. 제가 한국에 돌아오면 문제가 된다고 생각했든지 견제가 심했고, 알려진 것에 비해서는 쉽게 자리를 잡지 못했어요. 차 한 잔 대접 안 하고 순수하게 교수 지원서를 내서 채용된 적도 있었는데 그 대학교도 나중에 재단 문제로 이사장이 감옥 가고 그러더라고요. 운도 안 맞는 거죠. 그래도 대학에서 강의는 많이 했으니까, 정치판에 들어가서 현실을 바꿔보자는 생각을 한 거죠.

정서우 정치권에 발을 들였을 때 가족이나 주변 지인들의 반응은 어땠나요?

권오성 저는 어려서부터 저 혼자 결정을 했어요. 검정고시 보는 것도 혼자 결정한 거고, 누구 하나 저한테 ABCD를 가르쳐준 사람도 없었어요.

정서우 그럼 가족분들과 상의하지 않고 혼자 판단해서 들어가신 건가요?

권오성 누구나 다 제가 정치학자로 교수가 되길 바랐는데 그 길이 애매해진 데다가, 제 성향이 리더십을 발휘해서 현실에서 뭘 이뤄내고 싶어 하니까 당연히 정치하는가 보다 하며 잘되기를 바란다고들 했죠. 지금까지 잘 안 되지만. (웃음)

정서우 국회 정책 보좌관으로 실무를 시작하셨다고 들었는데, 밖에서 보던 국회와 막상 들어가서 본 국회의 차이점은 무엇인가요?

권오성 그 당시에 대전 지역에서 절 모르면 간첩일 정도로 워낙 많은 대학에서 강의했어요. 그런데 아는 친구가 한양대학교에서 프로젝트 한번 해보라고 권유해서 한양대로 갔어요. 한양대에서 정치의 부패에 관한 논문을 썼습니다. 그 프로젝트를 통해 제 이론을 하나 만들어 발표했는데, 그러고 나서 어느 날 지인에게서 전화가 왔어요. 국회 보좌관을 한번 해보라는 권유 전화였어요. "괜찮은 국회의원이 있는데 보좌관이 필요하다고 하더라, 논문도 다 쓰지 않았느냐?"고 하더라고요. 제가 논문을 미리 써놨었거든요. 그래서 그러겠다고 하고 가서 이런저런 얘기를 나눴

더니, 당장 이튿날부터 근무해달라고 해서 그 이튿날부터 보좌관이 된 거예요.

국회에 들어가서 농해수위(농림축산식품해양수산위원회) 소속 의원실에서 일했는데, 당시만 해도 농해수위와 관련된 업체, 자회사 등이 17개가 넘었어요. 제가 정책보좌관으로 들어갔기 때문에 그 내용을 세세히 다 알아야 했고 관련된 사람들을 다 만나야 했죠. 농촌진흥청이 산하의 기관이고, 농해수위니까 해양수산부까지 다 관련되어 있잖아요. 그런 내용과 현안들을 다 알아야 했어요. 국정감사가 있으면 질문지도 알아서 작성해야 하죠. 제가 안을 내기도 하고 문제점을 파악해서 지적도 해야 하고 국정감사 질문을 만들어야 해서, 다양한 실무를 하다 보니까 정책보좌관은 국회의원의 몸도 돼야 하고 머리도 돼야 하는구나 싶었습니다. 진짜 쉴 시간이 없었어요.

특히 국감에 대비해서 평소 일반신문을 물론, 분야별 전문지 등 신문 스크랩을 미리 해놔야 해요. 그리고 기관마다 자료 요청도 해야 하고 관련 기관 및 업계 사람들도 만나봐야 하죠. 농촌진흥청이 저로 인해서 확 뒤집힌 적이 한 번 있어요. 제가 문제를 보고도 가만히 있을 사람이 아니라서 발칵 뒤집어졌죠. 농촌진흥청은 지난 20년 동안 산하의 기관들 끼리끼리 돌아가며 자리나 권한을 서로 누리는 비밀의 성역이었는데, 내가 비리 제보를 받고 조사하다 보니까 농진청의 비리 아닌 비리가 나온 거예요. 그래서 그걸 밝혀내기 시작하니까 거기서는 "큰일 났다"라며 난리가 난 일이 있었습니다.

선거철이 다가오면 국회의원은 지역구 주민을 채용해서 한 표라도 더 받고 싶을 거 아니에요. 그래서 우여곡절 끝에 제가 그만두게 됐죠. 그리고 나서 영등포을 지역에 누구를 도와서 선거운동을 총괄하기도 했습니다.

정서우 보좌관 시절, 본인이 직접 기획해서 입법까지 성공시킨 대표적인 법안은 있었나요?

권오성 입법 과정은 간단하지도 쉽지도 않습니다. 아무리 좋은 입법안이라 해도 실력 있는 의원이 아니면 본회의를 통과시키기가 만만치 않아요. 본회의가 통과되기 위해서는 자기 정당 내부에서 지지를 많이 받아야 해요. 어떤 의원이나 입법을 하기에 입법 예정까지만 해놓고 통과가 안 되어 처박혀 있는 것들이 엄청 많습니다. 아무리 좋은 것도 당 대표들과 얘기가 돼서 "이 법안은 이번 회기에 통과시키자, 말자"를 상의해요. 그래서 그 단계까지 가기가 쉽지 않다는 얘기입니다.

정서우 과거 민주평화당 기획 부총장이라는 중책을 맡으셨을 때 가장 이루고 싶었던 과제가 있으셨습니까?

권오성 2018년도에 정동영 의원이 같이 한번 해보자 해서 민주평화당에 들어갔어요. 연구원 부원장을 맡아서 일했는데, 그러다 2년 후, 제3 정당으로 성장한 민생당으로 통합됩니다. 민생당에서 기획 부총장을 맡게 됐어요. 그래서 당을 제대로 한번 살려보고자 했는데, 그건 제 의지만으로는 안 돼요. 정당에는 당 대표가 있고, 최고위원이 있고, 시도 당 대표들이 있죠. 이들의 생각이나 이해가 서로 잘 맞지는 않아요. 그러면 묘한 문제들이 발생합니다.

정당을 운영하는 데는 기본적으로 조직과 재정이 필요하므로 조직 문제, 재정 문제로 지도부 간 의견이 대립하여 결론이 나지 않으면 당직자로선 할 수 있는 일이 없어요. 계획만 내놓고 진행이 안 되는 경우도 많고, 당 대표가 법적 문제가 걸리기도 합니다. 그렇게 정당의 많은 문제를 알게 되었습니다. "정치의 끝은 법원이다."라는 말이 있어요. 서로 이해관계가 상충하니까 결국 상호 고소. 고발로 이어지고 법원에 수시로 들락날락하지 않습니까? 겉으로 안 밝혀져서 그렇지, 정당 안에서 그런 일이 벌어지면 정말 시끄럽고 난리도 아닙니다.

정서우 제3 정당에서 활동이 후보님께 어떤 정치적 자산이 되었는지 궁금합니다.

권오성 선거 시기에 어떤 출마자의 홍보본부장을 맡아 선거 기획부터 시작해서 선거운동의 돈 들어가는 요소들을 다 알게 됐어요. 선거에 관한 한 많은 공부를 하게 된 거죠. 그런데 당 지도부나 당직 간부들이 국회의원들이 있을 때는 차마 못 하던 말과 행동들을 의원들이 빠져나가고 나면 마구 하게 됩니다. 그래서 심각한 알력과 다툼이 벌어지기도 합니다.

정치적 실세가 없는 데다 의원이 아닌 의원급 인사들의 정당, 그러니까 실세 의원들의 참모들만 남겨진 정당에서 일어나는 온갖 사건들이 벌어졌습니다. 싸움, 고소. 고발, 업무방해, 시도당의 분규, 사람들 간 분란, 정당에 돈이 남아 있으니까 자리를 둘러싼 고소. 고발, 가처분도 수도 없이 하고, 시도 당에 자금을 내려줘야 되는 데서 발생하는 잘못된 일들이 많아요.

이런 우여곡절을 모두 지켜보게 됐죠. 역설적으로 오히려 정당 정치에 관해 많은 걸 배우게 됐죠. 그런 일들도 현실 정치의 적나라한 내막이기도 하니까요.

정서우 그런 힘든 시기에 후보님을 지탱하게 한 신념이 있었을까요?

권오성 아마 사람들한테 미움도 많이 샀을지도 모르는데, 사람들한테 '까다로운 사람'이란 말을 많이 들었어요. 그냥 슬렁슬렁 넘어가지 자꾸 따지고 파고드는 성격이 있어요. 정치적 신념으로는 '민생', '권력 민수화', 이 두 가지가 개혁 과제의 핵심으로 삼아 지금까지 연구해왔고, 그게 제겐 핵심 가치이자 정치적 신념이기도 합니다. 오로지 그것을 실현하기 위해 노력해왔기에 다른 어떤 것에도 흔들리지 않고 매진할 수 있었다고 봅니다.

특히 민생 정책은 제가 지금까지 공부하고 연구해 온 제 학문과 인생의 근거이자 이유입니다. 적어도 제가 혼자 잘 먹고 잘살려고 공부한 것도 아니고, 사회에 조금이라도 보탬이 되고 싶어 했던 거니까요. 아무래도 있는 사람보다는 없는 사람을 위해서 일하는 것이 더 가치 있는 삶이라 생각해서 '민생 정책, 권력의 민주화'에 대해 신념을 세우고 굳혀왔던 겁니다. 독재정권은 절대적으로 부패할 수밖에 없는 구조이고, 정치는 궁극적으로 나라와 공동체, 사람들을 위한 것이 아니라면 의미가 없잖아요. 그래서 그런 민주화에 대한 갈망과 노력은 지금까지 지니고 살고 있습니다. 개인적으로는 힘든 길이었지만...

정서우 정치권에 발 들이기 전에도 학생들 앞에서 강의도 하셨고, 청중들 앞에서 강연하시는 게 익숙하셨을 거예요. 정치인으로서 처음 대중 앞에서 연설하실 때 어떤 상황이었고 어떤 내용이었나요? 그때 감정은 어땠는지요?

권오성 그때까지만 해도 순수했어요. 학자로서 한국 정치의 해법을 제시하고자 해서 '국민중심주의'라는 개념과 이론을 만들었던 시기였죠. 그걸 바탕으로 현실의 정치 체제를 바꾸기 위해 2006년에 전국적인 시민 모임을 만든 것이 '국민정치협의회'예요. 저는 창준위원장으로서 정치 연설을 하게 되었는데, 한국 정치의 해법, 국민 중심주의 정치의식의 필요성과 확산 방안, 시민의 의무와 실천을 강조한 연설이었죠. 그래서 우리 시민이 중심이 되어 한 뜻, 한 몸으로 나서 행동할 때 대한민국 정치를 바꿀 수 있다고 하는 연설이었습니다.

물론 다들 부푼 마음에 꿈도 컸고 좋아들 했죠. 하지만 실행 과정은 또 별개의 문제예요. 참여자들의 헌신과 재정 문제 등이 다 맞아줘야 해서 시행착오를 몇 번 거쳤습니다. 그래서 남들은 한 번도 못 하는 창당준비위원장을 세 번 해봤으므로, 돈도 많이 썼지만 깨달은 것도 많았죠. 금배지는 아직 못 달아봤지만, 그 금배지 옆에서부터 시작해서 할 수 있는 건 다 해봤습니다. 아내나 저를 아깝게 생각하는 사람들한테는 미안한데, 제 개인적으로는 해볼 건 다 해봤기에 저를 써먹으면 아주 유용할 거라고 자부합니다.

정서우 정치인으로서 맞이한 첫 번째 패배, 가장 큰 시련이라고 생각하는 순간은 언제이셨는지 궁금합니다.

권오성 저는 순수하게 제안했고, 사람들도 모두 순수한 마음으로 동의했는데도, 그걸 실행하는 과정에서 "정치 이념은 좋으나 지명도가 약하니 당신만 믿고 어떻게 따라서 갈 수 있느냐?"라는 말을 들었을 때가 처음 맞는 시련이었어요. 또, 선거 기간 중 약속을 해놓고 안 지키는 경우를 당하면 여러 가지가 다 꼬여서 엉망이 되어버려요. 그러면 수습은 모두 제가 담당해야 하게 되니 참 어려운 상황에 빠지게도 되고요. 그런가 하면 또 정치아카데미를 열어서 가르치고 훈련해 놓으면 좋은 조건을 찾아 다른 당으로 가버려요. 거기가 규모가 큰 정당이니 자신의 미래를 위해 찾아가겠다는 걸 가로막지도 못하겠고 황당한 거죠. 제 나름대로는 자금을 끌어모아 만들고 교육한 아카데미였는데 학습 과정을 이수하고 나서 선거 때가 되면 큰 정당으로 다 가버리니까.. 그럴 때 아픔이 몰려오죠.

정정현 그래도 대중들 앞에 정치인 권오성을 처음 각인시켰던 계기는 언제였나요?

권오성 첫 계기라기보다 시민사회단체 활동을 비롯하여 정치아카데미 등 여러 가지 활동을 했기 때문에 많은 분이 점차 자연스레 알게 됐겠죠. 지금까지 기억이 있는 사람도 있고 연락이 끊겼어도 페이스북에서 보는 분도 있을 거예요. 제가 국민주의 정치 이론과 의회 양원제를 주장해왔고 해서 그런 부분이 많이 펴져 나가지 않았을까 생각합니다.

어쨌든 2006년에 프레스센터에서 국민정치협의회 상임 대표로 의회 양원제 도입을 해방 이후 처음 주장하게 되었으니, 아마 그때가 가장 대중적으로 제 이론과 존재를 알렸던 순간이 아닌가 싶어요. KBS 라디오에 그 당시 내용이 나오기도 했으니까요.

정정현 민심을 가장 절실하게 체험했던 선거는 어떤 선거였나요?

권오성 제가 직접 선거운동에 임무를 맡아 참여한 것은 아마 2004년도 17대 총선이었을 거예요. 그때 선거는 철저하게 조직표로 움직인다는 걸 알았죠. 영등포 선거에서 선거 전반을 총괄해서 진행하는 임무를 맡아서 진행했는데, 선거 상황 분석과 정치 교육 등 열심히 했었죠. 개표하는데 종반까지도 다 이겼어요. 그때 유력 후보가 국회의원 K 후보 있었고, 여성 국회의원 P 후보가 있어서 현역 국회의원 2명을 이겨야 하는 힘든 구도였어요. 그래서 더더욱 참 열심히 했어요. 개표 중반까지 1위로 앞서 모두가 이기는 것으로 봤는데, 여의도 개표함을 개표하니까 K 후보 쪽에서 몰표가 쏟아져 결국 졌어요.

그 K 의원은 지금까지도 현역 의원으로 있어요. 그때 "아, 선거는 당 조직으로 움직이는구나. 아무리 국회의원이라고 하더라도 명분을 잃거나 당과 연계가 끊기면 지는구나." 하는 걸 냉철하게 깨달은 거죠.

정정현 정치적으로 롤모델이었던 정치인은 누구입니까?

권오성 특별한 롤모델은 없어요. 멋있는 정치인이라고 느낀 사람은 있어요. 홍사덕 씨, 참 매력적인 정치인이라 생각했어요. 그 사람이 부자가 아니거든요. 그런데 옷도 참 잘 입는 멋쟁이고 말도, 목소리도 멋있고, 기자 출신으로 글도 참 잘 썼어요. 정치적으로도 합리적인 성품이었고. 남자가 봐도 멋있었죠. 그런데 그분도 안타깝게도 말년엔 감옥도 갔다 오고 힘들었어요. 그렇게 말년을 마무리 짓더군요.

정정현 보좌관 시절부터 지금까지 본인 만의 활동 준칙, 활동 기준이 있다면 어떤 건가요?

권오성 경험상, 처음부터 아닌 사람은 백날 얘기해도 안 된다는 것. 태도에 대해서 문제가 있는 사람은 끝까지 그렇더라고요. 함께 갈 수 있는 사람은 보는 순간 느낌이 와요. 사람마다 형형색색의 파장이 있다고 그럽니다. 그 파장이 나하고 맞는 사람은 느낌이 와요. 지금 두 분처럼 딱 옵니다. (웃음) 그런데 아닌 사람은 왠지 싫어요. 그리고 말로도 확인이 돼요. '저 사람은 왜 저런 식으로 말하지?'이런 느낌이 와요. 그런 말투와 사고방식, 그리고 태도가 참 안 바뀐다는 거예요. 그런데 정치인은 누구든 안 만날 수가 없어요. 그렇다고 만나기 싫다고 말하기 어렵죠. 내키지 않은 만남이 참 쉽지 않지만 그래도 마음속으로는 선을 정해둬야 한다는 거죠. 왜냐하면, 정리情理에 따라가다 보면 결국은 사고가 나요. 될 수 있는 일이 아닌데도 자꾸 부탁을 해오잖아요? 매번 거절하기 힘들어서 해주다 보면 꼭 사달이 나요. 그래서 원칙을 정하면 받지도 주지도 말자. 좋은 마음 쓰고도 일이 잘못 터지면 안 되니까요.

정정현 정치에서는 영원한 적도 영원한 동지도 없다는 말도 늘 통하는 얘기잖아요. 그 얘기는 어떻게 생각하세요?

권오성 영원한 적도 동지도 없다는 얘기는 결이 통하는 사람들끼리는 가능해요. 그런데 애초에 안 맞는 사이에서는 아니에요. 서로가 도움이 안 돼요.

정정현 중앙 정치와 지역 정치가 원활하게 연결되는 경우는 사실 그다지 많지는 않은데, 긴밀히 연결할 필요가 있는 상황들도 많지 않습니까? 그럴 때 겪었던 시행착오가 있다면요?

권오성 그때는 제가 잘 몰랐을 때죠. 중앙 정치를 경험해 보니까 이념과 권력층 중심으로 움직이고 명분을 만들어서 움직여요. 그런데 지방에선 그런 명분보다는 인물과 자치 조직이 중요해요. 그게 확연히 틀려요. 지방에 가서 이념을 얘기하고 높은 사람 얘기해봤자 의미 없어요. "여기는 당신 잘 몰라. 우리 조직은 이렇게 돼 있어. 그 사람들이 당신은 안 좋아해" 하면 끝인 거예요. 그래서 중앙보다 지방, 시골 정치가 더 어렵습니다. 대도시는 사람들이 모여 살고 블록이 얼마 안 되니까 통할 수가 있는데, 지방은 안 그래요. 조직이나 분위기를 주도하는 사람이 싫어하면 주위 사람들이 다 같이 싫어하게 돼요. 주도하는 사람과 관계가 틀어지는 게 싫으니까.

정정현 중앙 정치를 하다가 지방으로 내려가신 거잖아요. 어떻게 극복하실 생각입니까?

권오성 어린 시절은 고향인 논산에서 학교에 다녔기 때문에 지금까지 고향에서 사는 친구들도 있어요. 친구들뿐만 아니라 제가 하고자 하는 일이나 성품을 이해해 주는 고향 사람들은 "한번 잘 해봐" 하고 기꺼이 응원해주시기도 해요. 게다가 논산도 이제 변화가 좀 필요하다는 여론과 인식이 많다 보니 한번 해보라는 격려가 많아요.

정정현 지난 20대 대선 때 민주당 선대위 조직의 부본부장이란 중책을 맡으셨는데, 이때 가장 공을 들였던 정책이나 전략은 어떤 거죠?

권오성 좀 민감한 부분인데, 제가 민생당에 있었잖아요. 민생당 당원 수가 40만 명이에요. 이 당이 한때 국힘 지지로 넘어갈 수도 있던 상황이었어요. 이 숫자가 국힘을 지지하게 되면 자칫 선거 판도가 뒤집힐 수도 있었어요. 이재명 후보를 지지하는 것은 이미 선언한 바였고, 민생당이 국힘 지지로 넘어가는 것을 막는 것이 급선무였어요. 그 노력을 엄청 많이 하며 공을 들여서 전체는 아니지만 그나마 선방했다고 할 수 있습니다. 그것이 큰일 한 거로 생각합니다. 우리가 민생당에서 나와 민주당에 합류하고 나서 그 당은 와해 수준으로 갔죠. 함께 민주당으로 왔으면 좋았을 건데 말입니다.

정정현 정책 전문가라는 수식어가 붙기 시작한 시점은 언제부터 입니까?

권오성 제가 '국민중심의 정치'라는 용어를 만든 2003년 경부터 였습니다. 그 이론이 일정하게는 정치권에서 인정받은 영향이겠죠.

정정현 과거 칼럼이나 기고문 중에서 지금도 중요하게 강조하고 싶은 내용이 있다면 어떤 내용입니까?

권오성 한국 정치 제도는 미완성입니다. 지배를 위한 제도지 민주주의를 발전시키기 위한 제도라고 말하기 어렵습니다. 그래서 의회 양원제를 하면 한국 정치는 50%가 바로 바뀔 수 있다고 주장한 내용입니다. 거와 더불어 정당 민주화, 공천 혁신을 하면 100% 바뀔 수 있습니다.

정정현 자신이 추구하는 정치를 한 단어로 얘기한다면 '국민중심주의'라고 할 수 있나요?

권오성 그때 제가 만든 게 '국민 중심의 정치'입니다. 이 용어를 어떤 분이 '피플 퍼스트' 혹은 '국민 우선의 정치'라는 말로 바꿔 쓰기도 하고, 또 이걸 가지고 자신이 아는 정치인한테 전해줘서 한때 '국민중심당'이 만들어지면서 정치적으로 다소 떠들썩하기도 했지만, 결국 그들 모두 정치적으로 실패했어요. 그 용어를 만들고 이론을 정리한 나한테 어떻게 쓰면 좋을지 물어나 보든지 했으면 제대로 펼치게 도와줄 수도 있었는데...

정징현 그럼 세가 눌어보겠습니다. '국민중심주의'라는 건 한마디로 어떤 개념입니까?

권오성 한 마디로 국민을 중심에 놓고 정치, 국민이 바라는 정치를 해야 한다는 뜻이죠. 자기 정치를 하지 말고.

정정현 그것과 포퓰리즘은 어떤 차이가 있죠?

권오성 국민이라는 말이 일부 사람들은 일제 용어라는 말을 해요. 그건 나라마다 용례가 달라요. 민족 중심으로 나라가 만들어진 경우, 내셔널리즘이 곧 민족주의가 되고, 프랑스처럼 다민족이 합해진 나라에서는 내셔널리즘이 국민주의가 되는 거예요. 그러니까 '국민 중심'이라는 용어는 한국에서는 내셔널리즘에 바탕으로 한 민주주의, 즉 국민 중심으로 민주주의를 하자는 뜻이에요. 그것에 반대되는 것은 배타적 권위주의나 기득권 정치밖에 안 되는 거니까요. 그래서 그 당시에 국민 중심의 정치를 표방하려는 사람들이 많았죠.

정정현 최근 '세계시민'이라는 말이 많이 통용되는 것 같습니다. 범인류적인 '피플'을 의미하기도 하는데요.

권오성 용어를 잘 만들어야 하는데 우리가 용어를 잘 못 만들어요. 시민은 시민이고 국민은 국민이고 세계시민보단 세계인이라고 해야죠. 저는 자본주의라는 말도 동의 안 해요. 그냥 '돈 중심 사상'이죠. 캐피탈리즘(자본주의)이 돈을 중심에 놓는 사상이에요. 돈의 정치, 돈의 사회, 이렇게 보면 돼요. 그런데 그걸 자산, 자본, 이렇게 말하니까 말이 어려워지는 거예요. 자본이라는 말이 원래 이해하기 어렵죠. 말만 어렵게 하니 지식인의 잘난 체 같아요. 제가 어릴 때만 해도 의사들이 진료기록부를 독일어로 썼어요. 독일어로 휘갈겨 써주는데 굳이 왜 그래요. 한국에서 받은 약인데.. 그렇게 생각했어요. 지식적 사대주의죠.

정서우 정당의 정책전문가로서 동료들과 가장 치열하게 토론했던 주제는 어떤 게 있을까요?

권오성 첫 번째는 '의회 양원제'문제입니다. 양원제가 필요 없다는 시각들이 많아서 치열하게 논쟁했죠. 지금도 오히려 국회의원 수를 10명으로 줄이자고 말하는 사람들 있잖아요. 아니, 국민 세금을 700조 넘게 쓰는 나라에서 그 엄청난 예산을 국회의원 100명이 결정하자고? 웃기는 소리죠. 의원이 많아서 재정에 부담이 간다면 의원들 세비를 줄이면 되지, 왜 국민 세금을 쓰는 걸 심사하고 평가해서 따지는 사람 수를 줄이자고 합니까? 양원제가 필요 없다는 사람들 보면 참 답답하고 한심해요. 국회의원을 100명으로 줄이면 100명의 귀족을 만드는 것과 같아요. 수가 줄어드는 만큼 권한은 더 늘어나니까. 그 생각을 안 하더라고요.

그다음에 뜨거웠던 논쟁은 '복지국가'논쟁인데, 많은 사람이 복지를 늘리면 나라가 망한다는 생각 때문에 치열하게 논쟁했죠. 철딱서니 없는 생각이에요. 원래 민주주의나 자본주의는 시장경제를 원활히 돌아가게 하기 위해서라도 복지를 해야 해요. 왜냐하면, 경쟁에서 배제되는 사람들은 이 사회에서 도태시켜야 하나요? 아니잖아요. 무능하든 나이가 많이 들었든, 시대적으로 환경이 바뀌어 일자리를 놓치거나 사업에 실패한 사람들, 몸이 불편한 사람들, 부모를 잃고 힘든 소년소녀가장들, 그 사람들을 모두 도태시키는 사회가 올바른 사회인가요? 그런 사람들을 재교육하거나 기본 생활을 안정시켜서 다시 사회에 각 분야에서 자립하게 해야 하지 않나요? 시장경제의 일원으로 자기 몫을 할 수 있도록 지원해줘야 하지 않을까요? 그러면 국가의 역할에서 무엇이 필요하겠습니까? 복지입니다.

정서우 민생지원금이 전 국민에게 지급됐는데 다양한 반응들이 있었죠. 중산층에겐 20만 원이 굳이 비중 있는 돈도 아닌데, 전 국민에게 줄 필요가 있느냐? 하는 의견이 있는 반면에, 그 20만 원이 누군가에게는 정말 긴요한 돈이 될 수 있다는 의견도 있었는데요. 후보님은 민생지원금에 대해 어떻게 생각하십니까?

권오성 일단 경기가 너무 안 좋잖아요. 경제가 돌려면 어떻게든 활력을 만들어야 하잖아요. 펌프질하려면 마중물을 넣어야 물이 올라오는 것처럼. 개개인에게 20만 원은 그다지 많은 돈은 아니죠. 그러나 없는 사람들은 쓰기 바빠서 저축할 여유도 없어요. 그러면 돈이 많은 사람은 받지 않거나, 그 돈을 받아서 기부하면 되죠. 여유롭다는 사람들이 그게 그렇게 아까운가요? 돈을 많이 벌었다는 사람 측면에서 봅시다. 그 돈은 누구 때문에 벌었을까요? 동네에 사는 주민들이나 전국의 평범한 소비자들 때문에 벌 수 있었던 게 아니겠습니까? 그래 놓고도 서민들이나 사회에서 어려움에 부닥친 사람들을 모르는 체하겠다는 건 온당한 태도가 아니지 않겠습니까? 세금도 한번 따져볼까요? 온전히 납세를 다 했다고 볼 수 있을까요? 왜 그렇게들 베푸는 마음이 없냐는 거예요. 20만 원이라 해봐야 애들 짜장면 한 번 사주고, 탕수육 한 번 사주고 하면 끝인데, 그게 그렇게 배 아픈 일인가요? 있는 사람들은 호텔 가서 10만 원짜리 점심 먹으면서? 저는 빈생지원금 정책을 반대하는 분들께 이런 말들을 해주고 싶었어요.

정서우 정치 활동 중에 내가 이것만큼은 잘했다고 생각하는 구체적인 성과를 하나 꼽으실 게 있을까요?

권오성 앞서도 말했듯이 의회 양원제를 지속해 설파한 겁니다. 요즘은 그래도 많이 흔해졌어요. 헌법 개정에 양원제를 반영해야 한다는 말도 나오고 그래요. 그동안 제가 하도 많이 떠들어서 그나마 많이 퍼졌나 보다 하고 생각해봅니다.

정서우 정치를 하시면서 많은 일을 보고 겪으셨을 텐데, 권력의 비정함을 느꼈던 사건이 있으실까요?

권오성 몇 차례 느끼긴 했는데, 대표적인 사건이 정당이나 모임이 망할 것 같으면 리더가 갑자기 사라져버려요. 아무런 책임의식도 없이 측근 몇 명한테 맡기고는 사라져버려요. 입으로는 민주주의를 말하는데 행동은 완전 독재자처럼 굴어요. 생각보다 많은 의원이 그래요. 지금도 우리가 여러 정치인에게 실망하는 게 입으로는 민주주의를 말하는데 이면을 들여다보면 그렇지 않은 경우가 많아요. 과거에는 보좌진들 월급도 다 안 줬어요. 반을 깎고 반은 선거 때 쓴다고 하는 경우도 많았어요. 정치자금도 몇 사람만 받아 써야 하는 것처럼 생각하는 사람들이 있었다는 거죠. 지금도 아마 있을 거예요.

정서우 정치를 시작하고 나서 인간관계에서 가장 크게 변화한 지점은 무엇입니까?

권오성 저는 정치나 정책을 순수한 마음으로 접근했어요. 그랬더니 돌아오는 대답이 "세상 물정을 몰라도 너무 모른다."라는 말들이 많았어요. 제가 세상을 몰라서 그렇게 말한 게 아니었는데 말이죠. 그리고 저의 지식이나 생각을 원할 뿐 저와 같이할 생각이 있는 게 아닌 경우도 많았어요. 그저 "저 사람이 박사니까 똑똑할 테니 생각을 알아보고 싶다, 어떤 생각인지 얘기 듣고 싶다"라는 식이죠. 저도 그걸 알지만 얘기해줘요. 제 생각이나 이론을 써서 성과가 나면 좋고, 하는 식이죠.

정서우 정치 성향이 서로 정치 성향이 다른 지인분들은 후보님을 어렵게 생각하시나요?

권오성 성향을 떠나 대부분 사람이 독립된 주체가 아니에요. 다 정치라는 나름의 울타리 안에 있어요. 그러니까 저와 견해나 성향이 다른 사람들이 절 좋아한다 해도 저를 도와줄 길이 별로 없어요. 지역구 의원이거나 당을 이끄는 위치면 괜찮은데, 자신도 특정 울타리 안에 속해 있는데, 본인이 할 수 있는 게 뭐가 있겠어요? 다만 친구나 정치 종

료로서 밥 한 끼 같이 먹고 헤어지곤 하는 거죠. 그들이 저를 끌어갈 능력이 안 되는데 어떡하겠어요?

정서우 정치 초창기 시절에 정치인들이 오해도 많이 받고 비난받기도 하잖아요. 대중으로부터 오해나 비난을 받을 때 후보님만의 마인드컨트롤 방법이 있나요?

권오성 제가 정치권에서 살아남기 위해선 다치거나 상처받지 않아야 하잖아요. 그럴 땐 제가 뭐라고 한다고 해서 당장 오해가 안 풀려요. 그저 입은 다물고 눈으로 간절하게 말하는 거죠. '당신, 잘못 알고 있는 거야'라고요. 그래도 안 통하면, 어차피 해소될 상황도 아닌데 말이라도 잘못하면 그게 또 증폭돼서 더 큰 문제를 만들어요. 그래서 그냥 눈으로 말하고도 안 통하면 '역시 이 수준밖에 안 되는구나!" 하고 자기 위안을 하고 말아요. 그게 제가 상처를 덜 입는 방법이에요. 억울하다 곱씹고 있으면 화만 나고 끝이 없죠. 당신들 마음은 뭔지 알 것 같다고 생각하곤 털어내 버려요.

정서우 인생은 후회의 연속이라는 말을 하잖아요. 후보님도 살면서 후회할 일들이 있으셨을 텐데, 수많은 선택 중에서 '내가 이때로 돌아가면 좀 다른 결정을 했을 것 같다'라고 생각되는 일이 있으세요?

권오성 한때 '레트로 액티브'라고 하는 용어가 유행했어요. '소급하다'라는 뜻인데, 저도 그렇게 과거를 소급해서 많이 생각해봤죠. 제가 정치학을 안 하고 먹고사는 공부를 했으면 어땠을까 고민해 봐요. 그렇지만 제 성향상 안 됐을 거예요. 살면서 만일 그때 이 남자나 이 여자를 안 만나고 다른 사람을 만났으면 내 인생이 어떻게 바뀌었을까? 라고 생각하는 때도 많겠지만, 아마 그래도 결국 별 의미나 차이가 없을 겁니다. 누구나 자기 자신을 잘 알잖아요. 자기 성향이나 팔자, 또는 타고난 유전자를 못 이깁니다. 바꾸려 하면 인생이 더 꼬일 수 있어요. 그게 계속 되풀이되기가 십상이에요. 전철을 되풀이하게 되는 겁니다. 그걸 본인이 이겨내야 하는데 참 쉽지 않거든요. 차라리 팔자소관이다, 생각하고 긍정적으로 열심히 하자고 마음먹는 편이 더 현명한 것 같아요.

정서우 당 대표 포상 등 많은 상을 받으셨는데, 과거에 받은 수많은 상 중에 가장 기억에 남는 상 있으신가요?

권오성 아직 없어요. 정치적으로 주는 상이라는 건 별 의미가 없고, 공부 잘해서 받은 상이야 저만 받았겠어요? 차라리 상이 아니라도 제가 남을 도울 기회가 돼서 그 사람이 잘 되면 그것도 한없이 기쁠 것 같아요. 예를 들어서 길을 가는데, 배가 고파 쓰러질 듯한데 돈이 없는 어르신을 마주쳤다면, 제가 모시고 국밥을 사드리고 고맙다는 말을 듣게 되면 얼마나 뿌듯해요? 저는 상을 받는 것 보다 그렇게 마음과 마음이 진심으로 전해질 수 있는 게 훨씬 낫다고 봐요. 제가 만 원을 써서 마음은 100만 원어치의 치유를 받잖아요. 저로 인해 다른 사람이 기뻐하게 되니, 그게 훨씬 나은 거죠. 상은 많이 받아봤지만, 큰 의미는 없다고 봅니다.

정서우 정치인으로서 첫 명함을 손에 들었을 때는 기분이 어떠셨어요?

권오성 "이제 시작인가?" 했죠. 돌이킬 수 없는 시작이다, 나도 이제 얽매이게 되는구나 싶었죠. 제가 당의 명함을 받으면 당의 입장이나 방침에 얽매일 수밖에 없는 노릇이니까.. 개인 명함이라 해도 정치적으로 성공하려고 만든 명함이니까 일정하게는 남한테 잘 보이려고 자신을 숨기는 경우도 생기잖아요. 욕망이 있는 만큼 자신을 감춰야 하는 부분도 있고 하니, 명함이 특별히 아름다운 일은 아니고 그냥 담담하게 이게 시작인가 하는 심정이었죠.

정서우 고향인 논산 시민들에게서 들었던 말 중에 가장 기억에 남는 칭찬이나 질책은 무엇입니까?

권오성 한국 사람들은 칭찬이 굉장히 인색해요. 나름대로 저도 논산의 인재고, 인간 승리라고도 할 수 있다고 봐요. 어떤 선배가 제게 참 따듯한 격려를 해준 적이 있어서 힘이 된 경우가 있어요. "너 어렸을 때 힘들게 공부했지? 도중에 학교를 그만두기도 하고 검정고시를 봐서 대학 진학은 불문학과로 했는데, 대학원 전공은 정치학으로 바꿨잖아. 유학도 혼자 가서 성공적으로 마치고 왔으니, 너는 삶 자체가 인간 승리야. 잘했어. 멋있어."라고. 참 고맙고 힘이 되었죠. 그런데 정말 한국 사람들은 그런 말 인심을 잘 안 써요. 칭찬을 굉장히 겸연쩍게 생각해요.

정서우 어떻게 보면 누군가에게 칭찬하면 그 사람한테 왠지 뭔가 지는 기분이 들고 자신이 낮아지는 느낌, 자존심이 상한다고 생각하는 경향이 많은 것 같아요.

권오성 바로 그겁니다. 그런 경향이 제일 많아요. 그거를 버려야 되죠. 칭찬을 자주 하다 보면 서로 칭찬하게 돼 있어요. 남에게서 칭찬받은 게 있으면 남을 칭찬해주게도 되죠. 돈 드는 것도 아닌데 왜 그러지 못하는지 안타깝죠.

고향에서는 "너무 늦게 온 거 아니냐?" 하는 말들을 많이 해요. 심지어 의도적으로 저를 깎아내리기 위해 "자네는 논산 사람이 아니잖아"라는 말도 들었어요.

저는 평소엔 그러지 않은데 분명히 바로잡아야 할 것이 있다면 굉장히 뼈아프게 지적하기도 합니다. 그래서 이렇게 대답했습니다. "그러는 자네는 논산 사람이라고 자신 있게 말할 수 있겠는가? 그냥 여기서 살 뿐이지. 냉정히 말하자면, 열심히 일해서 세금이라도 많이 냈어? 논산을 위해 무슨 이바지를 했지?"

제가 논산을 떠난 사람이라고 말하면 안 되는 것이 뭐냐면, 아버지 산소가 논산 시내에 있어요. 그래서 명절 빼고도 1년에 대여섯 번씩 왔었어요. 처가는 또 논산의 연산면이에요. 처가도 아내랑 1년에 대여섯 번씩 와요. 게다가 저희 부부는 결혼한 이래, 논산 쌀만 먹고 살아요. (웃음) 처가가 이곳에서 쌀농사를 지으니까요. 그러니까 저를 논산 사람이 아니라고 말하는 게 더 이상한 소리죠.

우스갯말로 이렇게 얘기를 해요. "아니, 내가 논산에서 지나쳐 간 거리가 얼마인데.."라고. 그리고 기회를 못 받아서 그렇지, 논산에 대해서는 오래전부터 여기 사는 사람들보다 관심이 더 많았죠. 정치적인 꿈이 있었으니까. 논산 전체를 어떻게 발전시킬 수 있을까 하는 생각들.. 그런데 저보다도 더 앞서서 훌륭한 정치를 하셨던 선배분들이 잘하고 계셨으니 제가 논산에서 뜻을 펼치기엔 여의치 않아 들어올 수가 없었던 점도 있었죠. 논산에서 일할 기회나 자리가 없었기 때문에.. 여기 대학만 해도 정치학과가 없어요. 어쨌든 다소 서운하기는 하지만 그럴 수도 있다고도 생각합니다.

정서우 정치 공백기나 휴식기에는 주로 어떤 식으로 일과를 보내시나요?

권오성 일반인들하고 똑같아요, 취미로 당구를 좋아해요. 당구 수지가 300 정도예요. 그리고 걷고 생각하고 쓰는 걸 즐기고.. 그렇게 보내요. 다만 제가 술, 담배를 안 하니까 실수하는 일은 없어요. 걷다가 아름다운 풍경이 있으면 사진도 찍고 또 걸으며 이 생각 저 생각하다가 친구한테 전화 한번 해보고 그런답니다. 평범한 편이에요. 숨길 것도 없고. 사람 사는 게 다 뻔하죠.

정서우 정치에 입문하던 첫날의 자신에게, 지금의 권오성 후보께서 해주고 싶은 한마디가 있다면 무엇일까요?

권오성 지금의 제가 과거의 저에게…. 저와 타인과의 관계입니다. 이 말을 해주고 싶어요. "너의 순수함이 다른 이에게는 허술하게 보일 수 있다. 대중에겐 순수보다 현실이 더 중요하다." 이게 정답인 것 같아요.

사회를 위해서
필요한 것이라 믿으며

옳다고 생각하면
투표로써 드러내라는 겁니다.

그 결과를 따져서
여론이 만들어지고
정책이 결정되는 거예요.

근데 투표는 안 하고
계속 눈치만 보면

우리 사회에 도움이
안 된다는 겁니다.

시장직을 수행하려면

지식도 많아야 하고
경험도 많아야 하고,

중앙 부처나 외국과 소통을
잘 해낼 수 있어야 합니다.

#02

권오성의 현재를 묻다

정정현 한국 정치에 대한 진단과 정치적 견해에 관해 이야기 나눠 보겠습니다. 첫 번째로, 현재 더불어민주당 정책위원회 부의장으로 계시는 데 핵심 역할과 구체적인 임무는 어떤 것입니까?

권오성 당의 정책 기조나 기본 정책은 국회의원분들이 먼저 틀을 잡고, 의견이 많이 필요한 내용이나 핵심 정책 사안의 경우, 함께 회의하고 정치학자로서 전문적인 의견을 개진하는 역할입니다. 간단하죠. (웃음)

정정현 정책전문가로서 본인의 가장 큰 장점과 능력은 무엇이라고 생각하십니까?

권오성 정책 사안이나 정치, 정국 현안에 대한 분석 기법과 대안 제시 능력이죠. 일반적으로 정치인이나 시민들이 보는 시각과 학자로서 제가 보는 시각이 다르고 해석이 다를 수 있습니다. 전문가의 시각이 일반적인 시각에 비해 다를 수 있기에 대안과 결론도 달라질 수가 있어요. 그런 게 특징입니다.

정정현 정책을 입안하거나 제안할 때 가장 중요하게 두는 원칙과 기준은 무엇입니까?

권오성 기존의 시각과는 다른 새로운 시각을 보태는 것입니다. 사람들이 단순히 과거형으로 평가하는 것과 달리, 새로운 시각과 해석을 덧붙입니다. 보고 생각하고 분석하는 방법이 다릅니다. 이런 면이 강조된다면 저렇게 달라질 수 있다는 가능성을 보여주는 것입니다. 면접 볼 때 톡톡 튀는 사람을 안 좋게 볼 수 있지만, 저는 거꾸로 그렇게 튀는 모습이 도움이 될 수도 있고 상황을 반전시켜 줄 수도 있다고 봅니다. 조직에 튀는 사람이 너무 없어서 창의적이지 못한 게 문제일 때도 많아요. 튀는 사람이 있어야 활력소도 될 것으로 보는 거죠.

정정현 좁혀지지 않는 이견이나 반론이 있을 때는 어떤 식으로 설득하십니까?

권오성 계속 듣고 또 들어봐야죠. 계속 경청하면서 상대방과 소통되고 연결되어 일치될 수 있는 부분을 최대한 찾아보는 거예요.

정정현 공동의 접점을 찾는 거군요.

권오성 처음부터 비판적으로 나가면 아무것도 얻을 게 없어요. 상대방이 다르게 보는 이유도 있을 것이라며 계속 말을 들어보면 속내가 나올 수도 있습니다. 그 속내 중에 A, B, C, D가 있으면 한두 가지는 저와 연결되고 어울릴 수도 있어요. 그 부분을 가지고 다시 시작하는 거죠. 처음에는 무산될 수도 있지만 매칭되는 부분이 남아 있어서 다음에 또 만날 수 있는 겁니다. 그렇게 해 나가는 수밖에 없어요. 무조건 적대시하면 안 됩니다. 적의를 가지면 안 됩니다.

정정현 현재 주도적으로 이끌거나 참여하고 계시는 정책 연구 모임이 있나요?

권오성 오래전 박사급 수십 명을 모아서 연구모임을 주도한 적도 있어서 그 인맥은 여전히 남아 있습니다. 지금도 주변에 법학박사 등 전문가들이 많아요. 모두 다 동원하면 대학교 하나 만들어도 될 정도죠. 30대부터 그렇게 오래 해왔으니까 지금도 의사, 법률가, 학자 등 함께 할 수 있는 전문가들이 많이 있습니다.

정정현 지금까지 연구해 온 정치학 이론이나 가르쳤던 내용이 실제 정당 활동과 괴리감을 느끼는 때는 없었습니까?

권오성 많죠. 부족한 민주 정치 제도하에서는 왜곡이 빈번하게 발생해요. 하라는 대로 안 하고 교묘하게 틀어서 만들어 냅니다. 괴리감은 그런 과정에서 발생하고 인간관계에도 문제가 발생합니다. 사람이 독자적이지 못하고 조직에 얽매여 있으면 자기 의지와 상관없이 시키는 대로 움직이게 돼 있어요. 말은 번듯하게 해놓고 행동은 엉뚱하게 하는 걸 보게 되면 인간관계에 문제가 생기죠. 대화하고 싶지 않게 되는 거죠. '이 사람도 결국 그런 수준이네' 생각하게 되는 겁니다.

정정현 정책 입안이나 정치 활동 도중, 상충하는 이익 집단 간의 갈등은 항상 나오기 마련인데, 이것을 조정할 땐 어떤 원칙과 기준으로 임하십니까?

권오성 표면에 드러난 것과 숨기면서 유도한 내용 중 본질이 무엇인지 파악해야 합니다. 상대방 입장의 본질이 무엇인지 제대로 알고 협상에 들어가야 하는 거죠. 본질은 겉으로 내거는 주장과는 전혀 다른 목적과 내용일 수 있습니다. 엉뚱한 것으로 본질과 근원적 배경을 이해하는 것이 가장 중요합니다.

정정현 현재 민주당의 지역 정책 기조 중 시급하게 보완하거나 수정해야 할 부분이 있다면 무엇입니까?

권오성 민주당의 지역 정책의 기본 구상은 '5극 3특'이라고 해서 수도권, 충청권, 부울경(부산/울산/경남), 대구·경북과 강원, 전라, 전북, 제주를 특별자치시로 한다는 것인데, 그 방향은 합당합니다. 문제는 통합을 서두르다 보면 세부적인 문제가 발생한다는 거예요. 대전 통합 부분도 뜻은 좋지만, 어느 도시를 중심으로 메가시티를 만들 거냐에 따라 이해관계가 달라집니다. 천안을 중심으로 만든다고 할 때 대전 시민이 수락하겠느냐는 거죠.

대전 중심으로 간다면 다른 지역 재원이 빨려 들어갈까 봐 우려할 수도 있고요. 정부에서 예산을 어느 정도 확충해줄 건지도 따져봐야 합니다. 예산을 키우려면 세금이 늘어나는데, 대전만 좋아지면 나머지는 불만이 생길 수 있죠. 그런 문제들이 결코 쉬운 문제가 아닙니다. 시간이 필요합니다. 전체적으로 좋은 의견이고 가야 할 길이지만 내부적인 문제가 있으니 중앙과 지방, 지방정부 및 지방의회 간 많은 대화가 필요합니다. 모든 정책은 예산과 관련되어 있어 생각보다 어려울 수 있습니다.

정정현 정부의 국정운영 기조 중에서는 시급하게 바로잡아야 할 부분이 없겠습니까?

권오성 대통령 임기가 얼마 안 됐고 지적이라고 말하기는 애매하지만, 민심이 나쁘지 않잖아요. 그래도 하나 지적한다면, 당정 간 노정路程되는 세력 다툼이나 엇박자는 조정력이 필요합니다. 이것이 안 되면 시끌벅적해지고 선을 넘어갈 수 있어요. 특히 선거철을 앞두고 발생할 때 치명타가 될 수 있습니다.

정정현 현재 조금씩 회자하는, 당내 계파 갈등이나 '명. 청대전' 같은 논란에 대해서는 어떻게 판단하십니까? 어떻게 대응해야 할까요?

권오성 이게 말하기 힘든 부분이에요. 조직이 생긴 이래로 계속 발생하는 권력에 대한 암투일 수도 있고, 의견 소통 과정의 방식인데 오해가 생긴 것일 수도 있고, 아직은 두고 볼 만한 상황이지만, 심해지면 대권과 당권이 다투게 되고 공천권을 둘러싸고 탈당 요구가 발생할 수도 있습니다. 특히 선거철에는 더욱 그렇죠. 대통령의 정무 특보들이 조율을 위해 많이 애써줘야 합니다.

정정현 정치인과 지방자치단체장이라면 자신만의 씽크탱크가 있다고 알고 있거든요. 현재 가장 긴밀하고 속 깊게 대화하고 소통하는 사람이나 집단이 있으신가요?

권오성 씽크탱크를 어느 수준으로 놓고 말해야 하느냐에 따라 차이가 있긴 한데, 전문가들이 많이 있습니다. 그런데 정치 분야는 제가 더 잘 알지 않겠어요? 내용도 그렇고요. 그러면 저도 거꾸로 물어봐요. 알 만한 사람한테 물어보고 그 의견을 듣고 또 곰곰이 생각해 봅니다. 내 말이 옳다 하더라도 다른 사람에게도 옳게 보이지 않을 수도 있는 거니까 거꾸로도 물어봐야죠. 그러고 그런 과정이 지나면 생각과 의견들은 서로 조금씩 조정되고 섞이기도 합니다. 그렇게 다른 입장들을 확인해서 결정해나가야죠.

정정현 논산에 관한 현안과 정책, 미래 대안에 대해 긴밀하게 논의하는 사람들은 어느 정도 있나요?

권오성 지금은 제가 필요하면 각계 분야의 사람들을 찾아 의견을 듣고 제 의견을 말씀드리면서 직접 대화하고 메모하고 기록해두는 방식으로 활동하고 있습니다. 현장을 찾아가서 직접 들어보지 않으면 제 생각이 틀릴 수도 있으니까요. 예를 들어, 스테비아 토마토 농장을 하시는 분을 만나면, "뭐가 필요하시죠? 가장 중요한 게 뭔가요?"라고 물어봐요. 그러면 유통센터 건립 같은 것이 필요하다고 하겠죠. 그럼 공동으로 한번 알아보자고 하는 선까지 가는 거죠. 거기서 당장 결정을 내릴 수는 없는 거니까요. 그렇게 서로 이견 조율을 해나가고 있습니다.

정정현 현재는 논산의 각계각층 사람들을 만나면서 의견을 듣고 상호 조율하는 과정이라고 보면 되겠네요. 지금까지 정치 활동하시면서 가장 보람이 있었다고 생각하는 성과나 업적이 있으신지요?

권오성 저는 강의를 많이 했으니까, 학생들에게 가급적 새로운 시각으로 정치를 해석해서 알려주려고 많이 노력했던 것이 일차적인 성과였고, 다양한 정치 경험을 통해 민주제 정치에 대한 인식과 지평을 넓혀나갈 수 있었다는 것에 큰 보람을 느낍니다. 잘못된 것에 대해서 아니라고 말할 수 있는 의식을 많이 확산시켜왔다고 봅니다. 그게 제 나름의 보람입니다.

정서우 정책을 구상하고 추진하는 과정에서 부딪혔던 가장 큰 현실적인 장벽은 무엇이었나요?

권오성 구태의식이라고 볼 수 있어요. 바꾸려 하지 않으려 하는 습성이 많거든요. 아무리 좋은 것이라도 자신에게 익숙하지 않으면 일단 싫어하는 경향이 일반적으로 있어요. 같은 음료를 마시더라도 안 마시던 것에 대한 거부감이 있단 말이에요. 그런 의식이 굉장히 강합니다. 특히 시골로 갈수록 강해요. 그것도 이해해야 하는 것이, 상업은 매일 같이 팔 수 있지만, 농업은 상업과 달라서 수확이 1년에 몇 번 안 됩니다. 그래서 농업 하시는 분들은 한 번 잘못 결정하면 1년 노력이 허사가 될 수 있거든요. 그래서 한 번 더 생각하게 되고, 남이 하는 것을 보고 결정하고 하다 보니 늦어지는 겁니다. 상업의 마음가짐과 농업의 마음가짐이 다른 거예요. 바깥에서 볼 때는 보수적으로 비치기도 하죠.

구태의식과 더불어 사람들을 지배하고 있는 유래된 인맥과 연고주의가 있어요. 평소 거래하고 소통하던 관계들이 누구에게나 다 있잖아요. 새로운 사람이 와서 참신한 말을 해도 "아직 검증이 안 된 것 아니냐. 실수하면 큰일 난다. 그냥 우리끼리 하던 대로만 하자"라고 하는 인맥 관계가 있어요. 그 인맥이 대개 편향적인 조직이에요. 시골은 배타성이 강해서 내 땅에서 내가 키우는 것에 대해 남이 와서 간섭하는 것에 거부감이 강합니다. 이런 풍토와 관습이 현실적으로 굉장히 힘들어요. 내 말이 옳다손 치더라도 "형님 말씀이 옳지만, 제 친구랑 사이가 틀어질 순 없잖소"라는 거죠. "형님은 지면 떠날 사람이지만 쟤는 싫어도 나하고 계속 살아야 한다."라는 인식이 팽배하죠. 어떻게 극복할 것인지는 심사숙고해져 가며 고민하고 잘 대응해야겠죠.

정서우 자신에게 매기는 정책 역량 점수는 100점 만점에 몇 점 정도를 줄 수 있으신가요?

권오성 높이 봐야겠죠. 95점입니다.

정서우 좋습니다. 그럼, 본인의 트레이드 마크인 '국민중심주의'라는 용어를 처음 구상하게 된 배경에는 무엇이 있죠?

권오성 지금까지 정치인 중심, 기득권 세력 중심에서 민주적인 국민 중심으로 바뀌면 민주 정치의 내용도, 의식도 함께 다 바뀐다고 생각한 거죠. 우리나라는 내셔널리즘(Nationalism) 하면 대개 민족주의로 번역해요. 국회에 있는 학자한테 "프랑스나 다민족 국가에서는 내셔널리즘이 국민주의가 됩니다"라고 했더니 처음 들어보는 얘기라며 놀라더라고요. 우리와 생각이 달라서 그렇습니다. 핵심 내용은 한민족의 수천 년 역사와 문화를 정리해 보면 '절대적인 인간주의, 사명 의식, 합목적적 행동주의'로 요약됩니다. 조상 숭배 같은 의식도 일정하게 포함되겠죠. 이 세 가지를 합쳐서 현대말로 바꾸면 '정의, 화합, 창조'가 됩니다. 인간들 사이에서는 화합이 되어야 하고, 사명 의식은 정의 의식이 되는 것이고, 합목적적 행동주의는 창조를 만들어 내는 것인데, 이를 분야별 정치 정책 가치로 만들어 실행하자는 겁니다. 이른바 박정희식 '한국적 민주주의'를 현시대에 맞게 우리 것 중심으로 만들어 내자는 것으로 보면 맞습니다.

정서우 국민중심주의가 지금 한국 정치 현실에서 왜 중요한 가치라고 보십니까?

권오성 한국은 이제 선진국이에요. 그런데 의식이나 교육, 학문이 선진국화됐느냐 하면 그렇진 않아요. 선진국화라는 건 결국 '자기화'인데 그게 안 됐잖아요. 새롭게 민주주의를 재정립하는 것이 필요한데, 남의 것을 가져오지 말고 한국 역사와 문화 속에서 우리 자신의 가치를 갖고 재해석하고 만들어야 한다는 거예요. 서구식 민주주의를 우리에게 바로 이식해버리면 가치 체계가 달라서 제대로 안 됩니다. 동양적 가치 체계가 여전히 삶과 의식을 관통하고 있고, 여전히 삶의 절반을 좌우합니다. 서양의 것이 50% 흘러 들어왔다면, 과연 우리 것이 뭔지 물어봤을 땐 바로 물음표가 달리거든요. 잘 모른다는 겁니다. 그 내용을 국민중심주의가 제공하겠다는 거예요. 음양 조화처럼 동양과 서양, 전통과 현대, 안과 밖을 잘 조화시키면 아주 조화롭게 잘될 것이라고 봅니다.

정정현 국민중심주의가 한국의 전통적인 가치 의식에 기반한다고 했을 때, 현재 대립과 갈등이 심한 우리 사회에서 국민 화합과 사회 통합에도 영향을 많이 미칠 수가 있겠네요?

권오성 그것이 바로 제가 목적하는 바죠. 다만 우려스러운 것은 전통 의식이라고 하니까 충(忠)이나 효(孝) 같은 것만 떠올리는 분들이 많아요. 그건 유교적으로 드러나는 모습이고, 충이라는 것도 요즘으로 말하면 나라에 대한 주권 의식, 국민참정권 의식으로 볼 수 있습니다. 효라는 것도 무조건 어른한테 조아리는 게 아니라 현대식으로 재정립하면 가족에 대한 사랑으로 해석을 달리할 수 있어요. 충가 효도 유교가 발달했을 때 정립된 정신 가치였고 문화였다면, 유교가 발달하기 전에는 우리 선조들의 삶과 정신문화에는 무엇이 있었던가 생각하고 연구, 해석을 해봐야죠. 삼국시대 초기에도 우리 선조들은 사회 체제를 유지했습니다. 그때는 그것을 뭐라고 불렀는지 재정립하는 거예요. 불교나 기독교가 들어왔음에도 안 싸우는 이유가 우리 민족의 화합 정신 때문입니다. 한국인의 기본적 생각이 좋은 말씀을 새겨듣고 이웃과는 친하게 지내자는 것이거든요. 서로 인정하니까 안 싸우는 것이고 그것이 화합의 정신이죠.

정정현 전 세계에서 종교 갈등이나 분쟁이 없는 나라가 유일하게 한국이긴 하죠.

권오성 그런 것이 우리의 본원적 사상이라는 거예요. 그 위에서 민주주의라는 개인주의와 자유 의식을 엮어내면 아주 아름다운 한국적 선진 민주주의 제도와 사상이 나온다는 거죠.

정서우 현재 국민이 가장 고통스럽다고 느끼는 최우선 민생 현안은 무엇이라고 진단하시나요?

권오성 일반 복지로서 사회보장제, 생계 복지를 만들어주는 일이라고 봅니다. 예를 들면 이거예요. 최저임금이 오르면 자영업자 중에는 "그렇게 하면 난 망해"하는 사람이 많지 않습니까? 그렇다고 최저임금제를 하지 않을 수도 없고, 매년 물가 등 경제 여건에 연동해 올리지 않을 수도 없잖아요. 그러면 최저임금은 적정 기준에 따라 합리적으로 올려 법적으로 지켜질 수 있도록 보장해주고, 자영업자들에 대해서도 정부에서 일정한 임금 보전을 해줘야 한다는 거죠. 그래야 사업주도 살고 일하는 노동자도 생계가 유지될 수 있지 않겠습니까? 지금까지 정부는 납세자인 국민에게 세금을 걷어가기는 하지만, 납세자가 망할 때는 '나 몰라라' 했잖아요. 그건 올바른 태도가 아니라는 거죠.

최저임금제를 정했다고 하더라도 국가의 지원 없이는 정착되기 어렵습니다. 장사가 잘될 수도 있고 안 될 수도 있잖아요. 안 되는데도 계속 가면 갈수록 더 망하는 길에 가까워져요. 그러면 정부 기관에서 소득을 살펴보고 수익이 손실되어 급여를 주기 어려운 사업장에는 지급할 월급의 부족한 금액의 급여 보전을 해주는 겁니다. 지급 방식은 사업주를 통해서가 아니라 노동자들에게 직접 입금되도록 하고요. 그래야 '배달 사고'가 없을 테니까. 이게 제가 주장하는 사회보장제예요. 이재명 대표가 말하는 기초·기본소득인 겁니다. 세계 모든 선진 정부는 다 해요. 우리는 지금까지 그걸 안 했습니다.

정서우 한국 사회의 고질적인 정치 갈등을 해소할 만한 실질적인 방안은 무엇이라고 생각하십니까?

권오성 앞서 언급한 것처럼, 의회 양원제를 하면 의회 단원제에서 발생하는 그런 편싸움이 사라집니다. 그리고 정당 민주화가 이루어져야 해요. 모든 정당이 중앙당 중심으로 모든 걸 하잖아요. 정당 민주화가 일어나야 합니다. 그다음 기초의원의 정당 공천 배제가 필요합니다. 노무현 정부가 실패한 근본적인 이유가 이거라고 봐요. 기초단체장까지는 모르겠어요, 성향에 따라 다르니까요. 그런데 기초

의원까지 정당 공천을 하다 보니까 진정한 민심이 사라지는 거예요. 그전에는 구의원, 시의원 나가는 분들이 당론이 아니라 민심을 대변했단 말이에요. 그런데 정당 공천을 하니까 당론만 남고 민심이 사라져 버린 거죠. 그러니까 어느 당을 지지하는가에 따라 고집만 피우고 싸우기만 해요. SNS나 유튜브가 그걸 또 조장하고 확대하고, 이러다 보니 민심은 사라지고 갈등만 커지고 있다고 봅니다. 그래서 '의회 양원제'와 '정당 민주화', 그리고 '기초의원의 정당 공천 배제'이 세 가지를 실시하게 되면 한국 정치의 많은 갈등이 해소되고 수준이 올라갈 것입니다.

정서우 불평등과 양극화 격차와 관련해서 논산 지역 사회의 주요한 문제점은 무엇이라고 생각하시나요?

권오성 지금 심각한 논란이 되는 문제는 국방산업단지 유치 문제입니다. 심각성이 있습니다. 내부의 문제는 항상 내부로부터 문제점을 고쳐나가는 방법이 우선되어야 하거든요. 외부 요소를 자꾸 받아들여서 내 걸 키우려고 하는 것은 한계가 있고 마음대로 되는 게 아닙니다. 이 문제로 시장과 지역 국회의원들 사이에 "네가 옳다, 내가 옳다." 하며 문제가 발생하는 거예요. 사실 시빗거리가 아니거든요. 기업은 이익이 되면 옵니다. 그걸 가지고 옳으니 그르니 싸우는 것은 맞지 않고, 논산시장의 주장이 너무 과한 것이 아니냐는 생각도 듭니다. 내부의 문제는 내부에서 고치는 방법이 필요합니다.

내부의 문제가 무엇 때문에 발생했는지 압니다. 답답하고 짜증이 나더라도 참고 접근해서 문제를 풀어야지, 내 뜻대로 될 때까지 내버려 두면 문제는 계속 남아 있는 거예요. 그런 노력도 없이 외부 지원을 받아서 논산을 키우겠다는 건 자기 자신의 의지가 아닙니다. 논산에 올 사람의 의지가 있어야 하는 거지 내 마음대로 되는 게 아니잖아요. 또 들어오는 사람은 자기 이익의 극대화를 위해 일하기 때문에, 논산 시민들을 고용하는 것보다 외부 기술자들을 데리고 와서 일 시키고 출퇴근시키는 게 이익이라면, 논산에서 사람들을 쓰는 건 기대할 수 없는 거예요. 항상 논산에서 발굴하고 개발할 수 있는 것부터 우선으로 해야 합니다. 남이 해주는 것은 그냥 변수일 뿐이라고 보는 거죠.

정서우 후보님께서는 실용주의 정치를 강조하시는 편이라 평가받는데, 당의 선명성과 정책 실용성 사이에서 균형을 잡는 후보님만의 기준은 무엇인가요?

권오성 그간의 정부들에게도 하고 싶은 말이었는데, 실용주의에도 종류가 있습니다. 기득권 중심의 실용주의냐, 정당 중심의 실용주의냐, 아니면 일반 시민 중심의 실용주의냐에 따라서 내용이 바뀌어요. 저는 개혁적 실용주의자고, 그 개혁의 핵심은 일반 시민입니다. 그래서 저는 국민 중심, 시민 중심의 실용주의를 얘기하는 거예요.

정서우 현재 공교육 체계 중에 우리 미래세대를 위해 반드시 고칠 점, 수술이 필요하다고 느끼는 부분은 무엇입니까?

권오성 지금까지 교육은 국영수 중심이었잖아요. 그러나 그건 철 지난 얘기입니다. AI가 나오고 모든 것이 AI를 활용하여 이루어지고 있는 마당에 국영수는 과거와 같은 역할과 의미를 지니지 못한 시대가 되었습니다. 오히려 지금 주목받는 분야가 예체능과 사회과학 과목이에요. 다양하고 창의적인 표현 능력과 연관된 것들의 관계성을 분석하고 해석하는 능력입니다. 이런 분야로 눈을 돌려야 합니다. 시민들이 자기 생각과 의사를 제대로 표현할 수 있는 능력을 가르치고, 해석하는 시각을 가르쳐야 해요. 그건 AI가 못 따라옵니다. 특히 영어와 수학은 AI가 이미 지배를 하고 있어요. 요즘 외국어 필요 없잖아요? 한국말로 하면 번역기가 그대로 다 해 줍니다. 챗 GPT에 한글로 쓰고 "이

거 독일어로 번역해줘" 하면 1분도 안 걸려요. 수학적 연산도 마찬가지입니다. 국영수 중심 체제에서 벗어나 예체능과 사회학으로 눈을 돌려야 현장성도 있고 수익성도 더 있습니다. 지금 K-pop에 세계가 열광하잖아요. 수익이 되니까 그렇습니다. 노래 하나 잘 불러도 세계적인 스타가 되잖아요.

정정현 지역의 목소리를 중앙 정책에 반영할 때, 지역 국회의원이나 기초의원들과 어떻게 협력하는 것이 좋다고 생각하십니까?

권오성 지속적인 논점 회의와 대화가 항상 필요합니다. 정기적으로 자주 만나야 해요. 객관성 확보를 위한 세미나도 필요하고, 저는 이런 걸 아주 많이 할 겁니다. 나만의 주장만 필요한 것도 아니고, 내 걸 굳이 고집할 필요도 없어요. 어차피 시민들이 원하는 걸 해야 하는 것이기 때문에 거기 맞춰가면 되는 거죠. 어떤 단체장들은 무조건 자기 중심으로 모든 걸 하려고 해요. 제일 어리석은 겁니다. 과거 이명박 대통령이 전 국토를 토목사업을 할 때도 제가 그랬어요. 이 나라가 당신 거냐고요. 대통령의 것이 아니잖아요. 그렇다면 국민을 직원처럼 취업시키고 돈을 많이 주든가, 그게 아니라면 국민의 말을 들어야지, 왜 권력을 사유화해서 마음대로 하려고 합니까? 그 인식 자체가 잘못된 겁니다.

정정현 지금까지 살아오면서 자신에게 가장 큰 영감을 준 책이나 인물이 있다면 어떤 것입니까?

권오성 요즘 종교가 자꾸만 기업조직이나 이익 단체화가 되어서 이런 얘기는 잘 안 하는데, 크게 보면 예수님이나 부처님이죠. 왜냐면, 이분들의 특징은 자기 능력을 바쳐 사회를 위해 헌신했다는 점 때문입니다. 전 정치학자니까 정치적으로 봅니다만, 당시 예수님은 개혁론자였어요. 자신이 배운 거를 있는 순수하게 그대로 설파했고, 그 때문에 국가의 권위에 도전하고 사람들을 선동하며 사회를 어지럽힌다는 죄목으로 정치범, 사상범으로 몰려 죽었습니다. 예수와 같은 인생이 참 멋있는 인생이라고 봅니다.

부처님도 충분히 안락하고 행복한 생활을 누릴 수 있었지만, 그 풍요와 행복을 내려놓고 깨달음과 진리를 얻고자 했습니다. 그래서 고행을 했고 고행 끝에 얻게 된 깨달음 진리를 사람들한테 알려줬어요. 더 고통에 빠지지 말라고요. 그런 점에서 참 멋지고 훌륭한 분들이라고 생각해요. 하지만 그분들을 숭배하지는 않습니다. 종교라는 것은 본질적인 가르침이에요. 그 가르침을 잘 들으면 되지 거기에 빠져서 “다른 건 안 돼”라고 하는 건 잘못된 인식입니다. 이슬람도 훌륭한 이야기가 많죠.

종교문제로 다투는 사람들에게 묻고 싶어요. 예수님하고 부처님하고 만났으면 과연 다투고 갈등하고 했을까요? 하는 걸 생각해 보라는 거예요. 그분들과 이슬람의 마호메트와 만났으면 싸웠을까요? 안 그랬을 거예요. 그분들도 서로를 존중할 텐데, 왜 그분들을 따른다며 신앙생활을 하는 사람들이 서로 존중하지 않고 종교문제로 싸우느냐는 거죠.

그분들 외에 제게 영감을 준 사람은 아직 모르겠습니다. 사람들은 다들 저마다 욕심이 있고 해서 누군가를 존경한다는 것은, 존경하는 만큼 그런 삶을 살아야만 가능하잖아요. 그래서 살아있는 사람을 상대로 존경한다는 것은 쉽지 않다고 봅니다. 근자에 제가 특별한 책들을 읽어보기는 하는데 특별히 영감을 주는 책은 없고 그런 생각도 별로 하지 않고 읽는 편입니다.

정정현 정책을 구상하여 입안하거나 정치를 할 때 어느 한 방향을 선택해야 하는 경우가 많은데, 경제학자 알프레드 마샬Alfred Marshall이 한 말 중에 '차가운 이성'과 '뜨거운 감성'이라는 말이 있지 않습니까? 후보님은 이 두 가지 요소 중에 어떤 부분에 가까운 성향이라고 생각하십니까?

권오성 뜨거운 가슴 없이 차가운 머리는 별 의미 없다고 생각합니다. 차가운 머리는 문제를 해결하기 위한 요소잖아요. 그걸 해결하기 위해서 먼저 세상과 사물, 인간을 살펴봐야 하는데, 세상과 사물, 인간을 보고 따뜻하게 느끼고 뜨겁게 사랑하고 느끼는 마음이 있어야 그것들과 관련한 문제를 해결하고자 하는 마음이 생길 텐데, 그것이 없이 이성적인 차가운 머리만 무슨 의미가 있겠어요? 불쌍한 사람들을 보며 마음이 뜨겁게 움직여서 그들을 도와주기 위해 냉정한 머리로 생각을 하게 되는 거지, 그게 아니면 의미가 없는 거 아니겠어요? 전 그렇게 봐요.

정정현 이런 걸 두고 우문현답愚問賢答이라고 하는 것 같습니다. (웃음) 자신을 지지하는 사람들과는 대화를 많이 하겠지만, 시민 중에는 지지하지 않는 사람들도 있지 않겠어요? 지지하든 지지하지 않든 공통으로 전하고 싶은 메시지가 있다면 무엇입니까?

권오성 스스로 판단해서, 사회를 위해서 필요한 것이라 믿으며 옳다고 생각하면 투표로써 드러내라는 겁니다. 그 결과를 따져서 여론이 만들어지고 정책이 결정되는 거예요. 그런데 투표는 안 하고 계속 눈치만 보면 우리 사회에 도움이 안 된다는 겁니다. 문제가 안 풀려요. 그래야 정치인이나 정당이나 고칠 것도 생기고 변화가 되지, 그냥 가만히 있으면 정치는 왜곡된 채로 흘러갈 수가 있다는 거죠. 그러니까 이 방향이든 저 방향이든 투표를 해 주세요. 좋으면 좋다, 싫으면 싫다 솔직하게 드러내야 한다는 겁니다. 투표한다고 손해 볼 일은 없습니다.

정정현 일반적인 사람들과 다른 경로와 역정을 걸어오셨는데, 굉장히 강력한 에너지가 느껴지거든요. 그런 에너지는 어디서 나온다고 생각하십니까?

권오성 냉정하게 말하면 팔자소관인데 소명의식이라고 봅니다. 내가 태어난 이상 뭔가를 하고 싶을 거 아니에요. 그걸 내가 내 의식 속에 설정한 거죠. 그걸 나는 하고 싶어요. 그게 나만을 위한 것은 아니에요. 많은 사람에게 좋은 일일 것 같다는 소명의식이죠. 내가 노력만 한다고 지금의 내가 갑자기 만들어지는 게 아니에요. 팔자예요. 선한 일을 하는 사람들을 일반적으로 이해를 잘 못 하잖아요? "힘든데 새벽에 나와서 왜 저러고 있지?" 남을 위해 봉사하는 사람도 소명의식이 있으니까 하는 거예요. 기독교의 프로테스탄트 윤리를 얘기할 때 자본주의와 연결되어 있다고 하잖아요. 하나님의 말씀을 내 노동으로 지키고, 그것이 성실한 근로 의욕을 북돋워 자본이 돌아가게 하고 사회를 움직인다는 것이 프로테스탄트 윤리Protestant ethic예요. 그게 소명의식이거든요.

소명의식이 없으면 못 하는 거예요. 하느님을 사랑하는 마음이 없으면 못 하는 거고, 부처님께 귀의하는 마음 없이 보시布施를 못해요. 그러니까 행하는 거죠. 저도 마찬가지로 역사의식이나 내 성향을 두고 '나는 이런 일을 하고 싶다'라고 정한 거죠. 조상으로 받은 유전자일 수도 있고, 살아가면서 얻어진 것일 수도 있는데, 어쨌든 내 성향과 기질, 꿈은 그렇게 형성된 거예요. 그래서 그걸 바탕으로 내 지식과 연구에 연결해서 하고 싶은 거죠. 사회에 대한 공헌, 약자나 어려운 사람에 대한 조력. 그런 걸 할 수 있는 자리를 맡아 그 일을 하고 싶다는 거죠. 그걸 위해 논산시장에도 도전해보는 것이지, 그게 없으면 제 나이에 그걸 왜 하겠어요?

정정현 논산시장에 출마하시는 분들이 다들 나름의 소명의식이나 봉사 정신을 얘기할 텐데, 다른 정치인들과 본인만의 차별화된 역량은 뭐라고 생각하십니까?

권오성 다른 분들도 나름대로 열심히 하셨겠지만, 시장직을 수행하려면 지식도 많아야 하고 경험도 많아야 하고, 중앙 부처나 외국과 소통을 잘 해낼 수 있어야 합니다. 과연 그런 준비를 안 해놓고 잘할 수 있을까요? 예산 문제에 관한 심층적인 연구, 리더십에 관한 연구, 법률에 관한 연구, 예산 사용에 관한 연구, 가치 철학 같은 것들이 쌓여 있지 않으면서 그냥 잘할 수 있다고 할 수는 없겠죠? 그래서 그런 노력을 해두었어야 한다는 거죠. 저는 그렇게 살아왔고 준비해왔어요. 시민의 삶과 활동을 먼저 챙기는 스타일입니다. 제가 논산에 와서 친구들하고 처음 했던 일이 논산 주변 지역을 다 돌아다녀 봤어요. 고장의 특성을 알고 무엇을 어떻게 할 것인가 알려면 여기를 다 돌아다녀 봐야 해요.

지형도 보고, 풍광도 보고, 생산물도 보고, 뭐가 어디에 있는지부터 봐야겠다 싶었죠. 제대로 된 차별적인 정책을 세워야 하니까요. 공직자가 그냥 책상머리에 앉아서 예산만 쓱쓱 해치운다는 건 제가 볼 땐 죄악이에요. 정책의 목적이 시민이고, 시민이 잘되어야 논산에 변화가 생긴다는 거죠. 그게 아니라면 제가 시장을 해야 할 이유도 없어요.

정정현 차별화된 역량들, 특히 지식, 경험, 소통능력, 그리고 네트워크도 중요한데... 네트워크 중에는 중앙과의 연계도 중요하고, 해외 다른 나라의 지방과 연계도 중요하잖아요. 특히 세계화 시대에는 지방과 세계와의 네트워크가 중요하다는 주장도 많습니다. 일본의 존경 받는 합리적 지도자 중에 손꼽히는 호소카와 총리가 "지방이 곧 세계이고, 세계가 곧 지방이다."라는 말을 했듯이, 프랑스에서 오랜 활동을 했고 네트워크를 갖고 계실 테니, 논산시장이 되시면 세계적 도농복합형 지역이 많은 프랑스 지방 도시와 연계할 충분한 가능성과 자신감이 있으신지 그것도 궁금하네요.

권오성 얼마든지 가능하죠. 제가 직접 가서 돌아보고 얘기하면 충분히 가능하죠. 프랑스에서 살며 공부했고 아는 학자나 지인들도 많은데....

정정현 구체적으로 그렇게 구상하고 계시는 부분은 있나요?

권오성 유럽국가들 대개 그렇지만 프랑스도 원래 대표적인 농업국가예요. 또 지방자치제도도 그들은 엄청 많이 발전시켰죠. 그래서 프랑스는 우리보다 그런 면에서 많이 앞서 있고 또 우리와 유사한 경험이 있어요. 지금은 어떻게 하고 있는지, 몇 차례에 걸쳐서 방문해서 살펴보고 대화해보면 많은 도움이 될 거라고 봅니다. 당연히 제가 구상하는 논산의 미래상에는 농업부문의 생산과 가공산업에 대한 구체적인 계획과 비전도 있습니다.

정정현 직접 운영하는 소통 채널은 어떤 것이 있나요? SNS나 유튜브 등등..

권오성 제가 SNS에서 만든 채널이 8가지 정도 됩니다. 근데 다 운영하기가 쉽지 않아요. 한때는 SNS 페이스북에 그룹 채널이 활성화된 적도 있었어요. 가입된 게 수십 가지인데 별 의미는 없습니다. 대중은 부담을 싫어해요. 정치와 관계없는 얘기에는 반응이 바로바로 올라와요. 정치에 관계된 얘기를 쓰면 별로 안 눌러요. 대중성이라는 게 바로 그런 거더라고요. 그래서 한계가 있다고 봅니다. 제가 SNS 할 때도 "그날 모입니다. 다 모이실까요?" 하면 200명이 좋아요를 눌러요. 근데 정작 가보면 10명도 안 와 있어요. 그래서 그걸 너무 과신하지는 말고 정보나 행사를 알리는 수준으로 활용하는데, 사람들이 보고 반가워하면 고마운 일인 거죠.

제가 군 제대할 때 표창장 받은 걸 하나 올린 게 있어요. 별것도 아닌 걸 무심코 올렸는데 '좋아요'가 200개가 삽시간에 달리더라고요. 정치적인 시각으로 전문적인 용어를 써가며 정성들여 올린 글에는 '좋아요'가 10개밖에 되지 않았어요. 그게 대중적 흐름이에요. 사람마다 성향도 다르니까 그냥 받아들이자, 나는 그저 열심히, 솔직하게 하면 된다, 하고 덤덤하게 생각하면 된다고 봐요. 사람들이 표현을 안 해도 읽어 보기는 하니까요.

정정현 AI 시대를 맞아서 정당마다 미래정당, 혁신정당을 준비해야 한다는 얘기를 많이 하는데, 그렇게 거듭나기 위해서 현재 수준의 민주당이 반드시 수용하고 혁신해내야 할 새로운 가치와 역량은 어떤 분야, 어떤 내용이라고 생각하십니까?

권오성 우리 대통령이나 당 대표도 언급한 적 있는 내용인데, 최근 들어 시민 중심, 당원 중심, 또는 국민 중심의 가치를 제도화하는 과정에 있다고 봐요. 한 번에 되지는 않겠지만, 그런 주제와 문제의식을 계속 제기하고 논의함으로써 차츰차츰 제도화되어 간다고 봅니다. 한 번에 제도화되면 그것도 위험해요. 포퓰리스트 논란이 일 수도 있기에 여러 과정을 거치면서 공론화되고 '이렇게 하면 되겠다.'싶을 때 제도화되면 그것이 오래가는 제도와 시스템으로 정착된다고 봅니다. 그래서 민주당은 특히나 시민 중심, 국민 중심의 가치를 제도화하는 데 노력을 해야 한다고 주장해봅니다.

정정현 그렇다면 시민 중심, 국민 중심 정당으로 가야 한다면, 최근 정청래 대표가 시도했던 권리당원 100%의 체제로 가겠다는 것과 어긋날 수도 있는 거 아닌지요?

권오성 권리당원 100%는 꼭 옳다고 보기는 어려울 것 같습니다. 왜냐하면, 정당의 정책과 진로, 공천 등에는 권리당원만 표를 행사하는 건 아니거든요. 일반 시민도 찍는 거고 권리당원이 아닌 일반 당원도 있고 하니까 비율을 나누든 해서 폭넓게 참여시키는 데 의의가 있어야지, 권리당원만 해야 한다고 하면 정당이 공당으로서의 모습과는 약간 맞지 않는 모습이 될 수가 있죠. 일반 시민의 여론과 다른 결정을 할 수도 있고.

정정현 그 당을 지지하든 지지하지 않든 세금으로 국가 보조금이 엄청나게 들어가는데, 그렇게 되면 세금 낸 사람들이 그 당에 대해서는 아무런 권한과 영향을 가질 수 없겠죠. 모순이 생기는 거잖아요.

권오성 다소 혁신적인 얘기긴 한데 정당보조금은 줄여 나갈 필요가 있다고 생각해요. 정당보조금을 대개 1당, 2당 중심으로 70~80%가 나갈 거예요. 4당, 5당에는 기회 자체가 없어요. 선거보조금도 4당, 5당이 50%, 100% 받기가 하늘의 별 따기입니다. 제4 당만 해도 15% 얻어낸다는 것은 거의 기적이에요. 그러다 보니까 더더욱 국고보조금이 편중되게 갈 수밖에 없고, 양당 독과점 정치 구도가 이어질 수밖에 없는 거죠. 돈 없는 4당, 5당, 6당은 늘 위축된 정치 활동을 할 수밖에 없는 문제가 발생합니다. 배분 방식을 바꾸든지 아예 보조금 지원제도를 없애든지 해야 하는 게 아닌가 해요. 이렇게 말하면 또 비난하는 분들도 계실지 모르겠습니다만, 한국 정치 발전을 위해서는 이런 문제 제기도 한번 필요하다고 생각합니다.

정정현 현재 제3 정당이 성립되기가 굉장히 힘든 구조가 한국 정치인데, 차라리 아예 양당제를 법제화하자는 사람들도 있거든요. 이 부분에 대해서는 어떻게 생각하십니까?

권오성 미국도 양당제로 굳어지는 데 시간이 오래 걸렸어요. 그것이 하나의 보편 상식으로 정착되는 과정이 필요해요. 미국 정치도 100여 년 이상 갈라졌다 합쳐졌다 반복해가는 가운데 퇴보하기도 했다가 발전하기도 했던 과정을 다 거쳤거든요. 그러고 나서 정착이 됐어요. 우리는 50년대부터 80년대, 심지어 90년대 초반까지도 정치 자체가 다 반독재 투쟁이었어요. 그다음에 민주화를 했지만, 민주화의 완결판인 제도화는 아직 이루어지지 않았습니다. 이런 상태에서 양당제를 한다면 반드시 반발하는 세력이 나타나게 될 거예요. "왜 너희들만 해먹느냐?"고..

그만큼 우리 사회는 다양한 생각들을 이해하고 소통하여 포용해내는 합리적인 의견 수렴과 소통 체계가 완성되지 못한 상태라는 겁니다. 그러면 양당이 포용하게 될 정책 내용이나 지지층을 확정할 수 있는가? 하면 그런 것도 없어요. 그래서 아직은 이르다고 생각해요. 또한, 우리가 연방제가 아니기에 양당제가 더 힘들다는 겁니다. 대륙계에 있는 독일이나 프랑스나 다 다당제를 채택해서 운영하고 있어요. 그리고 여러 정당 간 연대나 연합을 하고 연립정부을 구성하지 않습니까? 그게 차라리 낫다는 겁니다. 우리도 차라리 그렇게 바뀔 필요가 있다고 봅니다.

정정현 프랑스나 독일이나 다당제를 하면서 대선 이후엔 흔히 연립내각, 연립정권을 구성하지 않습니까? 왜 한국에서는 그런 풍토가 정착되지 않을까요?

권오성 정치적 정당성이나 제도적 민주화가 안 되고 권력욕이 너무 높아서 그렇다고 봐요. 정치를 생각할 때, 맡은 바 책무를 잘 끝내고 내려간다고 생각해야 하는데, '계속 지배하고 싶다'라는 생각으로 정치를 하니 그렇게 되는 거예요. 윤석열이 바로 그 전형적인 사례입니다. 선거를 통해 현재의 여야 구도가 만들어졌잖아요. 제1당이 압도적인 의석으로 법적으로 보장된 의회 권한을 행사하는 것이 민주 정치예요. 물론, 협치하려는 노력이 중요하겠지만. 그럼 정부나 집권당으로선 자신들이 민심을 더 얻어 지지를 넓히고 다음 선거에서 이기면 돼요. 근데 그게 싫은 거예요. '내가 왜 그 고생을 해야 하지? 비상계엄으로 국회를 해산하고 다시 만들어버리면 되지?'이런 잘못된 생각을 하는 거죠. 그게 지난 12.3 불법 계엄이고 친위 쿠데타이고, 내란 행위였던 거죠.

대통령이나 국회의원들은 선출직 임기제입니다. 임기를 마치고 집에 가면 돼요. 최고의 목표가 '그 자리에 있을 때 참 잘했어.'그럼 되는 거예요. 그런데 계속 지배를 하려고 하는 욕심이 각종 문제를 일으키는 겁니다. 자기가 뭔데? 자기보다 잘난 사람들이 줄 서 있는데.. 국민께 미안한 생각을 해야 하는데 미안한 생각을 안 해요. 이게 교육이 잘못돼서 그래요. 유럽처럼 민주교육, 시민교육 같은 게 잘 이뤄져야 해요. 그러니까 자신이 자리를 원해서 선거를 했고, 유권자인 시민이 도와서 당선됐어요. 그건 임기제이고 임기 동안 자신이 하고자 했던 것, 약속했던 걸 실현하면 좋고, 못하면 비판받고 집으로 돌아가면 돼요. 그럼 다른 사람이 와서 또 할 거 아니에요? 그렇게 돌아가는 시스템이 민주적 정치 제도인데, 자신이 계속 군림하고 지배해야 한다고 생각하니까 참으로 나쁜 인식이라고 비난받게 되는 겁니다.

정정현 차라리 개혁신당 또는 다른 정당과 연합해서 연립정권을 만들든지, 장관 자리 몇 자리 주고 "힘을 한번 모아보자, 도와달라" 이렇게 하든지... 그런 노력은 없이 비상계엄을 선포했으니, 극우세력을 제외하곤 국민 누구도 비난하지 않을 수 없겠죠.

개헌 얘기가 계속 나오는데, 도대체 한국에서 개헌이 언제쯤 가능하다고 보시는지, 그리고 개헌한다면 반드시 반영해야 할 최우선 가치는 어떤 것이 돼야 하는지 알고 싶습니다.

권오성 저는 다음 총선 때가 제일 좋은 기회라고 생각합니다. 그때면 대통령도 3년을 했고 1년 정도 빨리 그만두는 건데, 해볼 만하다고 생각합니다. 가장 문제가 되는 게 의회 양원제, 4년 중임제인데 저는 그때부터라도 해도 된다고 봅니다. 양원제를 하면 4년 중임제를 해도 되는데, 단원제에서 4년 중임제는 독재로 흐를 공산도 큽니다. 사람들이 이걸 자꾸 간과를 해요. 단원제 의회에서 제1당이 되면 대통령과 집권당은 어지간한 법은 다 통과시킬 수가 있어요. 게다가 대통령이 4년을 더 하게 되면 8년간 정부와 의회는 자기 마음대로 하기가 매우 쉽게 되죠. 그러면 독재 마인드가 생겨요. 그러니까 단원제에서는 4년 중임제를 하면 안 되는 거예요.

다음 개헌에서 양원제를 채택하면 권력 간, 정당 간 그리고 개인 간의 상호 견제가 더 효과적으로 되죠. 상원 의원들은 차기 대통령 후보가 될 수가 있어요. 그래서 독재하기가 힘들어요. 양원제를 하면 상원 의원 누구든 대통령 후보가 될 수 있기에 서로 견제를 하게 되는 거죠. 대통령제냐 내각제냐 권력 구조 문제는 중요하지 않아요. 양원제가 되면 어차피 독재를 못 하는데 권력 구조 문제는 부차적인 문제인 거죠.

그다음에, 차기 개헌에서 대법원장 선거제가 필요합니다. 대법원장이 중립을 지켜야 해요. 근데 대통령이 임명해주는 구조로는 어렵죠. 대법원장은 국민이 뽑아야 합니다. 어떤 직책이든 자신을 뽑아준 사람한테 충성하게 돼 있어요. 국민이 뽑았으면 국민한테 충성하는 거죠. 제2공화국 때 이미 하기로 했던 제도이기 때문에 다시 헌법에 부활시켜서 하면 됩니다.

정서우 정치를 꿈꾸는 다음 세대에게 후보님만의 정치 이론을 전수한다면 어떤 내용을 중점적으로 전수를 해 주고 싶은지요?

권오성 민주정이란 원리는 아테네에서 처음 시작되었잖아요. 아테네는 상업하는 사람들이 모인 도시입니다. 상업하는 사람들이 선거를 통해 대리인을 선출하는 제도였어요. 그 목적이 아테네시市를 법에 따라 효율적으로 움직이기 위한 거예요. 그게 데모크라시democracy예요. 대의 선거. 그다음에 효율성, 분자, 법치를 중요시하죠. 법도 효율성이 떨어지거나, 맞지 않으면 바꾸는 거예요. 이런 과정과 절차들이 어려움 없이 교차가 돼야 해요. 그게 민주주의예요. 그러므로 민주주의는 원래 실용주의일 수밖에 없어요. 근데 그걸 제대로 안 가르치고 엉뚱하게 가르치고 세뇌해서 실용주의를 별도의 새로운 것처럼 얘기하는

데, 원래 데모크라시 자체가 실용주의예요. 프래그머티즘Pragmatism이라고. 실용적으로 되기 위해 데모크라시를 하는 거예요.

그렇게 하기 위해서는 제도와 문화가 당연히 그렇게 따라가야 하죠. 시민주권 중심으로 따라가야 해요. 이게 민주의 개념입니다. 이 내용을 제게 1시간 수업만 들으면 다 데모크라티스트Democratist 될 수 있어요. 쉽고 원리를 파악하게 해주니까. 원리를 파악 못 하니 항상 어렵게 가르치는 거예요. 학자도 원리를 정확히 파악하고 지식을 제대로 이해했으면 책을 어렵게 쓸 필요가 없어요. 근데 이해를 못 하는 사람이 책을 쓰려니까 다른 학자의 이름과 문장을 가져다 놓고 설명하려고 하는 겁니다. 한국의 정치학 개론서를 보세요. 너무 어려워요. 어려울 필요가 전혀 없는데도. 자기 학문화가 된 나라의 책은 다 쉬워요. 일본 책도, 프랑스 책도 다 쉬워요. 특히 프랑스는 이론은 쉽게 설명하고, 질문은 어렵고 까다롭게 나와요. 그만큼 쉽게 가르치고 비판 정신과 문제의식을 키워 생각을 많이 하게 공부시키는 거죠. 이게 문제다, 저게 문제다, 따지는 것만 나와요. 근데 우리는 누가 이런 얘기를 했다는 것만 듣고 그걸 외워게 해요. 그러니까 그게 실용성도 없고 응용성도 없는 거죠.

정정현 제도인 민주주의를 사상과 이념으로 가르치니까요. 그래서 자유민주주의다 뭐다, 자꾸 이념화시켜 변질한 민주주의를 양산하는 거겠죠.

권오성 그러면서도 제도는 엉터리 같은 것만 자꾸 만들죠.

정서우 지방자치 제도의 완성을 위해 기초 지자체가 할 수 있는 역할은 무엇이라고 보십니까?

권오성 간단명료합니다. 시민 중심의 정치를 현실화시키는 거예요. 현실화시킨다는 것은 시민들을 많이 참여시켜야 한다는 겁니다. 각종 공공 위원회나 제도에 많이 참여시키고, 토론과 세미나 등 공론장에도 많이 참여시켜야 해요. 그래서 시민 공동의 목표와 의견을 만들어 내야죠. 정치인 자신이 하고 싶은 걸 하지 말고 시민들이 원하는 걸 하면 됩니다.

정정현 지금의 주민자치회는 어떻게 평가하십니까?

권오성 현행 주민자치회가 정당 중심이 되고 주도하는 사람들의 민주 의식이 크게 발전되어 있지 않기 때문에, 만들어 놓으면 또 정체되거나 퇴보하고 자꾸만 반복되는데, 그래도 없는 것보다는 백번 낫습니다. 다만 거기에다 민주성만 더 고취 시키면 좋겠죠.

정정현 현재 국회의원들이 보좌관을 9명까지 둘 수 있는 데다가, 국회에도 입법처가 있고, 정당마다 입법 연구위원들도 있습니다. 이렇게 중첩되는 기능들이 많은데, 만약 AI를 활용할 수밖에 없는 정치 환경으로 바뀐다면, 그 중첩된 기능들이 대폭 축소되지 않겠습니까? 어떻게 예상하십니까?

권오성 AI가 바뀌면 다 필요 없죠. 필요한 입법 정보와 판례, 현실 진단을 AI에 질문하면 쫙 나와요. 해당 법안이 통과되었을 때 발생할 수 있는 상황이나, 본의 아니게 피해를 볼 수 있는 계층 등을 질문해도 상당히 예리한 답변이 나와요. 30초면 답이 나와요. 재판도 마찬가지예요. 수많은 판례만 종합 추론해도 현실에 맞는 판결이 나와요. 그걸 가지고 재판장은 종합적 판단을 해서 판결을 내리면 돼요. 그럼 그 일을 해왔던 사람들은 다 필요가 없어지죠. 그런 문제가 제기되는 거예요. 일본은 왜 우리보다 IT 환경이 떨어지게 됐느냐? 실업 때문에 그렇습니다. 디지털 환경으로 다 바꿔버리면 일하는 사람이 할 일이 없게 돼요. 일본은 사회보장제가 잘 되어있는 나라예요. 노인 국가지만 노인들한테도 보장 체계가 잘 돼 있어요. 아주 잘 돼 있기에 이른바 '캥거루 자식'도 생기는 것이거든요. 그런데 우리는 그런 사회적인 고심이 없어요. 그러다 보니 불화와 불평등이 심화하는 거예요. 일본은 일자리 문제를 해결하기 위해 IT 발전속도를 늦춘 겁니다. 천천히. 우리는 그거 싹 없애버리고 모든 걸 첨단 디지털 IT 환경으로 바꿔버렸잖아요. 그러니까 안정적이던 일자리들이 자꾸 줄어들어요. 그래서 매년 은행원을 줄인다, 공무원을 줄인다고 하잖아요. 정치에도 AI 환경이 활성화되면 그런 문제가 발생하는 거죠. 그것이 피할 수 없는 대세라면, 미리 준비해서 구조와 체계를 주도적으로 바꿔나가야겠죠. 법과 제도적 정비를 포함해서.

정서우 인생에서 최종 목적지에 도달했을 때, 본인 이름 앞에 어떤 호칭이 붙었으면 좋겠습니까?

권오성 저는 단순한 사람입니다. 그저 '고마운 사람'이었다. 그 말이면 돼요. "이렇게 만들어줘서 고마워" 그 소리만 들으면 돼요. 딴 게 뭐가 있겠어요, 그러면 되지.

정서우 진영 간 갈등을 넘어 통합 정치를 구현하기 위해 먼저 어떤 실천을 하실 건가요?

권오성 실용주의적 인사를 할 거예요. 능력 되고 실력 있는 사람, 그리고 진짜 열심히 하는 사람은 여야를 안 가려요. 일을 수행하는 데 필요한 사람이라면 정치 성향을 떠나서 그런 사람들을 반드시 써야죠. 우여곡절도 있겠고 시비도 있겠지만 감수하고 실용주의 인사를 펼칠 겁니다.

제 개인의 실천을 통해서 뭔가를 이루는 것도 중요하겠지만, 더 중요한 것은 실용주의적인 사고를 하고 성실하게 책무를 담당할 수 있는 사람들을 엮어내는 것, 그렇게 네트워크를 만들고 팀을 만들어 공직자로서 역할과 책임을 다함으로써 주민에게 봉사하는 것이 더 중요하다는 생각입니다.

정서우 대한민국이 미래에 겪게 될 가장 큰 위기는 무엇이라고 생각하십니까? 정치인으로서 그에 대해 어떤 준비를 하실 건가요?

권오성 위기는 곧 올 거예요. 왜냐하면, 지금까지의 한국의 성장은 사회복지, 사회보장제를 안 하면서 그 잉여자금으로 성장을 한 거예요. 기업도 국가도. 근데 이게 곧 한계치에 와요. 성장은 항상 지속하지 않거든요. 지금 한국의 경제가 저성장과 침체를 예상하는데, 이것을 극복할 마땅한 대안을 못 찾는 이유는 사회보장제도가 부족해서예요. 공장의 자동화, IT 시대가 오면 취업률이 계속 낮아질 수밖에 없어요. 그럼 어떡할 겁니까?

어려운 사람들한테 돈을 그냥 막 준다고 생각하면 안 돼요. 그 돈으로 공장이 돌아가는 거예요. 그 돈을 나라에서 주면, 그걸로 밥을 사 먹던 커피를 사 먹던 안경을 맞추든 돈이 돌잖아요? 그 돈이 돌아가면서 잉여가치가 또 생기는 거예요. 그렇게 생각해야 하는 거예요. 그렇지 않으면 자꾸만 발전이 더뎌지고 사회가 침체합니다. 이런 사회보장제도가 제대로 안 되어서, 조만간 큰 사회경제적 위기가 올 거예요.

정정현 그러니까 계속 생산성만을 강조하고 효율성만을 강조하는 것보다, 오히려 안정적 복지국가로 가야 사회적 회복탄력성과 경제 유동성이 높아질 거라고 보시는 거군요?

권오성 지금 대만 같은 경우가 우리와 경제 수준이 비슷해요. 그런데 대만은 살 만한데 한국은 죽겠다는 소리만 해요. 왜 그러냐면 부동산 정책 때문이에요. 대한민국은 100% 실패했어요. 지금 서울에 사는 젊은이들은 결혼을 못 하잖아요. 당장 전세방 얻으려면 몇억이 있어야 해요. 사글세 방 들어가기는 싫다고 하면 대책을 세우기가 어렵죠.

결혼하면 아이를 낳고, 크면 학원을 보내야 하죠. 자기만 안 보낼 수도 없고. 그러다 보면 뒷감당이 안 되는 거예요. 전세든 사글세든 임대료를 내고 갖가지 은행 이자 내야 하고, 아이 키우는 데 또 돈이 들고, 학교와 학원 보내는데도 돈이 들고, 사회적 교류 비용에도 만만치 않게 돈이 들고... 기존의 전통과 가치관 가지고는 도저히 못 사는 시대가 된 거예요.

지금은 남녀평등의 시대인데 여자도 그렇잖아요. "나도 우리 부모한테 사랑받고 컸는데 저 남자 집에 가서 내가 왜 이런 고생을 해야 해?" 이 물음표가 생기는 거예요. "내가 종이야?" 이렇게 되는 거고, "내가 애 낳는 기계야? 나도 행복해지고 싶어" 이런 거. 그거를 해결 못 해 주잖아요. 그러니까 수도권에 사는 청춘남녀들이 불행하다, 이런 거죠. 예를 들어서 저는 논산에 있잖아요. 지금 논산이 좋은 것 중 하나가 주차 인심이 참 좋습니다. 그냥 공터에다 주차해도 되고. 서울은 댈 데가 없잖아요. 차를 어디 댈 데가 없어요. 그 인심이 살았고. 그러니까 이게 다 보면 주택 문제에 원인이 있다. 부동산으로 돈을 많이 버는 사람이 있는가 하면, 부동산으로 해서 손해 본 시민의 총합은 엄청난 돈이다. 그래서 그거에 대해서 우리가 반성해야 한다고 봅니다.

정서우 좋은 말씀 잘 들었습니다. 그렇다면 우리 미래의 선거 문화, 이 선거 문화가 무엇부터 어떻게 바뀌어야 한다고 보시는지요? 그리고 꼭 바뀌어야 한다고 보시는지요?

권오성 한국 노동조합의 '노조' 하면 문제가 있다. 그렇게 보는 시각이 있잖아요. 노조는 필요한 거예요. 자기의 이기적인 생각을 하면 안 돼요. 선생님은 노조를 결성하고 정치인은 노조를 결성하면 안 되나? 정치인의 노조도 필요해요. 왜? 그래야 뜨거운 맛을 알아요, 그렇게 해야 세상을 나만 움직이는 게 아니구나, 나도 바보가 될 수 있구나, 이걸 깨달아야 하는 거예요. 초창기 때 선생님이 데모해? 그럼, 쓰레기 치우는 분도 데모해 버려. "너 한번 냄새 맡고 살아봐." 이래야 서로 존중을 하는 거거든요. 아직도 한국은 그게 잘 안 돼요. 그만큼 차별과 질서 이런 게 좀 있어서 그런데, 이게 직업 중심, 이해 중심, 개인 중심으로 바뀌어야 한다. 선거도. 그러니까 실익이 있는 사람을 뽑아야 한다는 거죠. 지금은 선후배 무슨 이런 식으로, 노조 이렇게 말해서 뽑는 경향이 있는데 선거 불참자에게는 자치단체의 차원에서 이익에서 제외하는 것이 필요하다. 자치단체 발전에 도움도 안 주잖아요.

그러니까 "우리가 이익금을 너한테 왜 줘야 하는데?" 이렇게 해서 공유될 수 있는 부분을 빼버려야 해요. 난 그렇게 해야 한다고 봐요.

정정현 불이익은 주지 못하더라도 수혜는 줄이자.

권오성 그건 권리니까 투표 안 하는 권리인데, 투표한 사람들로 인해서 그 정책이 시행됐는데 투표 안 한 사람들은 "너 그러면 이 정책으로 해서 혜택받지 마. 너는 무자격이야." 이제 그런 의식도 좀 필요하다. 그러니까 직업 중심, 이해

중심, 개인 중심으로 바뀌어야 한다. 선거 풍토 자체가. 이렇게 되면 돈 받고 하는 것도 없어져요.

정서우 우리 사회의 위기 중에 빼놓을 수 없는 문제가 저출산 문제죠. 지금까지도 저출산 문제가 해결되지 않고 있는데, 이 저출산 문제 해결을 위해서 후보님이 지방 정부의 대표자라면 아이 키우기 가장 좋은 도시를 어떻게 만들 수 있을까요?

권오성 일단 여성 친화적인 제도를 만들어야 해요. 그다음에 여가를 위한 환경적 투자가 필요해요. 애들 키우다 보면 스트레스 많이 받잖아요. 그러면 어디 뜰 밖에 아이를 태우고 나가서 좀 시원한 공기라도 맡고, 하다못해 시소라도 좀 타고, 걸어올 수 있는 그런 환경 투자가 있어야 해요. 집에서 스트레스만 쌓이면 안 돼요. 또 애들은 병원에 잘 가잖아요. 소아과 문제, 병원 이런 문제를 좀 키워내야 해요. 보건소도 그런 문제를 전담할 수 있는 사람들을 찾아내야 합니다. 그리고 애들 놀이터에 안전 시스템도 많이 만들어야 해요. 그래야 애들을 데리고 나가죠. 우리가 애를 키워봤잖아요.

그러면 3, 40대들은 애들 키우는 데 애를 쓰는데, 애 핑

계로 어디 가서 쉬고 싶어. 놀이터라도 데리고 가서. 근데 갈 데가 없네. 그럼 둘이서 집에서 아웅다웅 스트레스 받으니까 싸움밖에 안 해. 이런 걸 해결해 줄 수 있는 그런 정책을 만들어야 한다. 이게 아기 키우기 좋은 도시지, 돈을 내놓으면 돈을 얼마를 주겠다... 무슨 애가 물건입니까? 그건 그다음 얘기라는 겁니다. 그건 지원책이고, 일단 주변 환경이 좋아야 마음도 생기는 거지. 연애해도 똑같잖아요. 감성적으로 저 사람을 내가 보살피고 좋아하는 마음이 있어야 하는 거지, 갑자기 내가 연애하면 "너 빵 사줄게, 내가 뭐 사줄게" 이렇게 연애해서 되겠어요? 그렇다는 얘기죠.

정서우 노키즈 존 이런 것도 반대하시는 거죠?

권오성 그것도 필요하죠.

정서우 수도권에서는 노키즈 존이 많아지고 있으니 그것들도 또 문제인 것 같습니다.

권오성 수도권은 그런 문제가 따로 있고, 지방은 지방대로 따로 문제가 있어요. 접근법을 서로 달리해야 해요.

정정현 지방이라고 하더라도 보육과 교육 문제는 여전히 부담이 잖아요. 큰 짐이고. 이 부분은 어떤 방안이 있나요?

권오성 이건 지방, 수도권의 문제가 아니라 한국의 과도한 교육열, 이걸 좀 완화해야 해요. 무슨 태어나면서부터 학교를 무슨 경연장, 경쟁의 장 이런 것으로 만들어 놔서 도대체 누구를 위해서 그렇게 만들어요? 옛날에는 기업을 위해서 했어요. 기업이 고급 노동자를 빨리, 손쉽게 쓰기 위해서 그렇게 유도했지요. 지금은 그런 때가 아니에요. 교육을 교육답게 해야지요. 애들이 자유롭게 클 수 있는 환경을 조성해 주는 것이 교육이지, 무슨 영어 단어 만 개 외우기 이게 교육이 아니에요. 교육 철학부터 바꿔야 해요. 그리고 나이 먹어서 자기가 하고 싶으면 밤새라도 해요. 자기가 하고 싶으면. 자기가 하고 싶게 만들어야지, 억지로 끌고 가면 안 된다는 거예요. 그래서 낭비되는 자원이 엄청나다는 거예요.

정정현 사실 제가 며칠 전에 통계를 보니까 대학을 나오고도 취업 못 한 사람이 40%예요. 60%만 취업을 해요. 근데 60% 중에서도 양질의 좋은 일자리에 들어가는 사람이 10%밖에 안 돼요.

정서우 사담으로, 제 주변 친구들만 봐도 저도 취준생 나이대지만 제대로 된 취직을 한 친구는 진짜 한 명도 못 봤어요.

권오성 쉽지 않아요.

정정현 진짜 대기업이나 공공기관이나 이런 좋은 일자리를 빼고 나머지는 다 중소기업, 영세 이런 쪽으로 가더라고요. 알겠습니다.

정서우 그렇다면 정치란 무엇이라고 정의하시며, 어떤 정치가 좋은 정치라고 생각하시나요?

권오성 정치는 간단하게 보면 정책이고 복지다. 정책으로 드러나는 것이지 어떤 지배 욕구나 이런 것으로 드러나면 안 된다. 정책으로 나타나야 하고 그 정책의 목표는 결국, 복지라는 거예요. 그래서 정치는 사회 여론을 정책으로 반영하는 거예요. 사회 여론의 요구를 정책에 반영해서 시민 복지를 이루는 행위예요. 그런 모든 행위를 정치라고 볼 수 있죠. 시민 복지를 이루는 행위. 그래서 좋은 정치라고 하는 것은, 시민을 고통과 빈곤에서 벗어나게 해주는 겁니다.

권오성 물론 나는 민주당이다 보니까 이렇게 말하는 거고, 보수당의 사람은 성장을 많이 해서 도시 외형을 키우고 가진 자의 능력을 극대화해서 효율성을 이루는 거, 이렇게 말하겠죠.

정서우 우리 사회의 불평등과 양극화, 또 빈부 격차의 양극화가 심해지고 있다고 저도 알고 있는데, 이 불평등과 양극화를 심화시키는 근본 원인은 무엇이고 대안은 무엇입니까?

권오성 지금까지 양극화시키는 것은 일자리의 접근성에서 차별화를 시켰고, 빈자에 대한 복지가 소외됐고, 또 기회의 부족, 그리고 이런 문제성에 있는 문제들에 대한 인식이 별로 없었다는 거예요. 그래서 힘 있는 놈은 많이 가져가고, 능력 있는 놈이 많이 뺏어가고, 높은 놈이 더 가져가고 이런 구조를 당연하게 받아들였다는 거예요. 이런 것들로 우리가 70년대, 80년대, 60년대를 살아왔단 말이에요. 그래서 빈부의 격차가 확 생겼어. 이제 그걸 돌려 달라고 하니까 익숙지 않은 거예요. 분배 방식에, 그러다 보니 억압이 되는 겁니다. 노동 분규가 발생하는 거예요. 그런데 이것은 대부분 국가가 다 겪는 일이에요. 그거를 갖고 뭐 나쁘다 옳다 이렇게 말하면 안 돼요. 그래서 대안은 뭐냐 하면, 프랑스에서 많이 하던 게, 90년대부터 일을 세분화하는 거예요.

일을 전문화하고 세분화시켜요. 예를 들어서 식당에서 밥을 하는 참모 역할을 하고 있다고 봐요. 야! 다 해! 밥도 하고, 반찬도 만들고, 설거지도 하고, 이렇게 하잖아요? 이거를 나눠요. 밥, 설거지, 반찬 자격증 필요합니다. 조리 자격증 있으십니까? 이렇게 세분화시키는 거예요. 그래서 전문화를 해요. 그러면 그게 고퀄리티가 되고 세련되게 되는 거예요. 선진국이 다 그렇게 해요.

정정현 인건비가 올라가는 건…

권오성 어쩔 수 없어요.

정정현 그것에 대한 반발이 또 심할 거 아닙니까?

권오성 인건비가 올라가잖아요? 그만큼 다른 사람만 올라가는 게 아니라 나도 올라가요. 내 월급도 더 잘 나갈 거 아니에요. 그게 바로 미국 사회 같은 경우예요. 미국 가봐요. 뉴욕에서 밥 한 끼 먹으려면 40달러 안 주고 힘들어요. 40달러면 4만, 5만 원이에요. 한 끼 먹는 데 5만 원 들어가요. 그러면 그 생활이 아름답냐? 그렇지도 않아요. 소득만 높을 뿐 먹는 건 우리보다 못해. 사실 미국 애들의 삶이 엄청 비싸요. 내가 가봐서 알잖아요. 안 된다고. 그런데 그거는 어쩔 수 없는 과정이에요. 유럽 가봐요. 우리보다 더 잘 먹을 것 같아요? 똑같아요. 밥 한 끼 먹는데 몇만 원씩 해요. 막 10유로, 50유로, 20유로, 30유로 이렇게 하잖아요. 똑같은 거야. 소득이 높아지면 물가도 다 높아지는 거야. 다만 이 행복도는, 소득의 행복도는 평가하는 가치 기준이 달라져야지요.

3만 달러 정도 수준이면 사실 5만, 6만 원은 비슷해요. 그건 주거비하고 식비하고 이런 게 늘어나는 것뿐 큰 차이 없어요. 이미 마이크는 다 있으니까. 그런 차이라고 보면 된다. 그래서 일을 세분하고, 일자리를 나눠야 하고, 시간을 나눠야 하고, 전문화하고, 그걸 지원하는 거예요. 우리는 그걸 지금 안 해서 탈이에요. 제가 프랑스에서 그 시절에도 본 게 벽돌공. 길바닥에 그냥 돌 깔잖아요? 걔들은 우리처럼 벽돌 까는 게 아니라 돌을 깔아요. 옛날 놀을 그런데 그것도 아무나 못 깔아요. 우리도 이제 지금은 그렇게 하고 있는지 모르겠는데, 그 책임자에게 한 달이나 두 달이나 석 달을 일했다는 증명서를 떼야 해요. 이 사람한테. 그래서 벽돌공, 돌 깨서 박는 거를 나하고 3개월을 이 사람 밑에서 일해서 이제 잘 깝니다는 사인을 해줘야 그걸 가지고 시청에 가서 등록해요.

그러면 자격증이 나오고 그때서야 일을 시작하는 거예요. 그래서 우리가 선진화된다는 것은 그만큼 촘촘한 사회로 가는 겁니다. 느슨한 사회에서 촘촘한 사회로 가요. 그게 선진화입니다.

정정현 예전 후보님의 글에서 '한국 정치는 제도화, 구조, 형태에서 국격과 맞지 않는 수준에 처해 있다'라는 말을 본 적이 있는데 어떤 내용이죠?

권오성 지금 우리 사회를 지배하고 있는 것이 뭐냐면 준 민주 제도예요. 준 민주. 민주 제도가 아니라 콰지 데모크라틱 인스티튜션(Quasi-democratic Institution)이에요. 이것과 시험 구조예요. 매사를 모든 걸 시험으로 결정한단 말이야. 이게 민주적이지 않은 거예요. 사실은. 그래서 본질에 대한 교육... 그러니까 지금까지는 어떤 편향적인 교육이었어. 시험 보기 위한 교육 이런 것만 했어요. 근데 본질에 대한 교육을 안 했단 말이에요. 그래서 창의성이 부족해. 또 이 사회적 실력... 이것이 국영수 하는 애들은 사회적 실력이 없어. 사회가 사실 더 어려운 거거든요. 사회 과목이 사회적 실력이 없어. 영업을 뛰라고 하면 국영수

본 애들 성적은 좋은데 영업 뛰라면 못 뛰어. 영업은 반에서 30등 한 애가 더 잘 뛰어. 친구가 더 많잖아요? 노는 친구가 더 많잖아요. 그러니까 보험회사 가서 1등 한 애는 수재가 아니에요. 반에서 20등 한 친구가 더 잘해. 위로 밑으로 다 친구가 많으니까.

정정현 그래서 내가 영업을 못 하는군요. (웃음)

권오성 그래서 대학 교육도 이제 많이 바뀌어야 한다는 거예요. 수준이 안 맞아요. 지금 어느 때인데 아직도 수도권으로 다 몰리고. 독일이나 유럽을 보세요. 그렇게 몰리니까 폐해가 크니까 그 사람들은 90년대에 이미 대학 평준화를 했어요. 우리의 SKY? 그 사람들은 더했어요. 전 세계적인 지배권을 갖고 있던 나라였어요. 옛날의 베를린 대학, 프랑스의 소르본 대학 등이 유명하지요. 이탈리아의 밀라노 대학 이런 곳도 더 했고요. 거기는 세계적인 제국들이었기 때문에. 근데 이게 민주적이지도 않고 국가 발전에 도움이 안 된다고 판단해서 90년대에 싹 바꿔버린 거예요. 그렇다고 해서 지금 영국이나... 영국은 좀 덜했지만, 독일이나 프랑스나 대학의 교육이 수준이 형편없다고 안 하잖아요.

정정현 어떤 식으로 바꿨죠?

권오성 평준화. 그러니까 파리에도 대학이 많았을 거 아니에요? 특성화시키는 거예요. 1 대학은 법률, 문학 이런 거. 2 대학은 정치 이렇게 나누는 거예요. 그래서 파리 11 대학까지 분야를 줘요. 이제 큰 도시들은 예를 들어서 1 대학은 문학, 예술, 2 대학은 사회과학, 법학, 경제학 이런 거, 3 대학의 예를 들면 자연과학, 이공계, 이렇게 나눠서 줍니다. 그거 갖고 시비 안 걸어요. 전국이 똑같아요. 어차피 실력이 없으면 졸업이 안 되는 문화가 돼 있으니까. 우리처럼 그냥 교수님 이렇게 하면 점수 주는 데가 아니고 냉정하니까 실력이 평등하다.

정정현 우리나라에서 만약에 그렇게 한다면 거의 사학재단 위주로 학교가 운영되는데.

권오성 아니죠. 지금 그렇게 하고 있잖아요. 나보고 그 일을 맡긴다고 하면 나는 이렇게 할 거예요. 앞으로 사립대학교는 더는 지원 안 한다. 국립대학교 키우기도 바빠. 사립대학교가 알아서 판단하시도록. 그럼 어떻게 할 거예요?

정정현 그럼, 사학법을 바꿔야 하지 않을까요?

권오성 아니지. 망하니까 팔아야지요.

정정현 법으로 이미 지원하도록 만들어 놨잖아요?

권오성 그걸 고친다는 거죠. 사립이니까 어차피 알아서 해. 국립 지원하기도 힘들어. 그리고 너희들이 판다면 나라가 사줄 의향은 있어? 프랑스는 그렇게 했어요. 지금 봐요. 사립재단은 전부 다 재벌이에요. 냉정하게 봅시다. 현찰 장사입니다. 외상이 없어요. 등록금은 현찰이잖아요. 그다음에 각종 시스템으로 국가에서 주는 연구비 다 자기들이 받잖아요. 하다못해 컴퓨터고 뭐고 다 받아서 자기들이 쓰고 버리잖아요. 땅 짚고 헤엄치기지요. 그것을 일반 국립대학생에게 지원하고 사립은 사립이니까 알아서 운영해라. 운영 못 하면 나라가 살게. 프랑스는 그렇게 해서 성공을 했어요. 제가 볼 때 그게 맞는다고 봐요.

정정현 이 내용도 되게 참신하네요?

권오성 왜 사립대를 나랏돈으로 지원하는데요? 지금이 50년대요? 그때는 국립대가 없었으니까 사립이 재단이 필요했으니까 지원했지. 지금은 국립대도 살기 힘든데 왜 사립대를 지원하고 있어요? 이재명 대통령이 한 말이 그 말 아니에요? 왜 서울대만 3배씩 주냐고. 이게 말이 안 되는 거지. 그런데 그걸 우리는 그걸 당연하게 생각했잖아요. 이게 잘못된 거라면.

정정현 알겠습니다. 두 가지 질문이 남았습니다. 논산시장보다 충남 교육감으로... (웃음) 다음 여쭤볼 거는 의원 의회 양원제를 일관되게 주장해 오셨는데 아직도 우리나라 국민이 "도대체 양원제는 뭐야? 상원은 어떤 역할을 하고 하원은 어떤 역할을 하고 이게 우리나라에 맞겠어?" 이런 얘기들이 대단히 많습니다. 이 부분에 대해서는 어떻게 설명을 해 주실 수 있을까요?

권오성 저도 무식하게 얘기를 할게요. 그렇게 말하는 사람은 무식해서 그렇습니다. 의회 제도의 기원을 몰라서 그런 거예요. 제가 옛날에 어떤 대학교수, 정치학과 교수한테 그 말을 했더니 "아, 우리나라는 러시아처럼 연방제가 아니라서" 더는 할 말이 없어서...

정치학 교수가 저렇게 말하면 내가 더 할 얘기가 없다. 한마디로 엄청 무식하구나. 내가 더 얘기하지 않겠지만 아무튼, 민주제는 의회 제도를 통해서 이루어지는 거예요. 의회 제도는 서로 견제가 돼야 하고 그거는 지역의 특성에 따라서 달라지고 일반 도시민의 선거에 따라서 달라집니다. 그래서 그 특성을 반영해서 상원도 놓고 하원도 놓는 거. 그래서 서로 견제를 시켜요. 그래서 50%가 먹었다고 해서 한 번에 끝나는 게임이 아닌 걸 만드는 게 의회 제도예요. 그것이 민주적인 의회 제도고 그래서 대부분의 OECD 국가가 다 양원제를 유지하는 거예요. 양원제를 하면 제가 아까 말했잖아요. 상원 수는 더 적잖아요. 그 사람들은 다 차기 정권 후보예요.

그러니까 이런 사람들이 덤비고 있는데 어디서 감히 독재를 하고 뭘 하냐고요. 대통령이 해도 "너 하원만 먹었지, 상원은 못 먹었잖아?" 이렇게 되고, 또 상원 의원들도 나름대로 하원을 거친 사람들이기 때문에 만만치 않아요. 그 사람도 "네가 뭔데?" 이렇게 나오는 사람들이란 말이에요. 그러니까 절대 독재를 못 해요. 후진국이 가끔 할 수 있겠지만 대부분 못 합니다. 의회가 또 상호 견제로 구성되어 있기에 반드시 권력 독점력이...

단원제인 경우는 의회가 양원으로 구성돼 있지 않기 때문에 하나만 먹으면 돼요. 그러니까 지금 이게 윤석열의 변

명이 될 수도 있겠지만 민주당이 173석이잖아요. 여기는 103석인가 밖에 안 돼. 뭘 해도 안 돼. 할 수가 없어. 그러니까 윤석열의 볼멘소리는 바로 그런 거예요. 그럼 이런 구조가 돼. 근데 내가 만약에 윤석열인데 민주당 대통령이라고 합시다. 민주당 대통령인데 그럼 173석을 갖고 있어.

내가 못 할 게 아무것도 없어. 3분의 2도 만들어. 다른 여당 합치면 3분의 2도 만들어. 3분의 2를 만들면 헌법 개정이고 뭐고 다 해. 못할 게 아무것도 없어. 사법부, 대법원장 임명도 내가 해. 헌법재판소장 임명도 내가 해. 다 내가 해. 그럼 내가 뭐가 돼요?

정정현 독재자?

권오성 독재자 수준이 아니지요. 천황 폐하지. 못하는 게 없어요. 그다음에 방송이든 뭐든 다 장악하고 있어. 공무원 행정 권력 다 내가 갖고 있어. 이렇게 돼요. 그러면 독재자가 되는 거예요. 본의 아니게. 이런 구조가 뭐가 좋냐고? 이 구조는 애초에 의회 공부 좀 하라고 해요, 이승만 대통령의 처음 헌법 초안은 양원제의 내각제예요. 그 당시 유행이었고 대부분 신생국이 다 그렇게 했어요. 근데 그 옆에서 어떤 분이 가서 밤에 찾아가서 얘기했어요. "아, 이렇게 하면 대통령이 힘이 하나도 없어요." 이렇게 얘기한 거야. 그래서 다음 날 독회하고 땡땡땡하면 끝나는데 이승만이 "나 안 해" 이렇게 해버린 거야. "이 헌법 고쳐, 나 안 해" 이렇게 해버린 거예요. 그래서 단원제의 대통령 중임제로 바뀐 거예요. 그 후로 대통령 중임제를 하려다 보니까 의회를 장악해야 하잖아요? 그래서 의회만 장악하면 의회 내 거, 행정부 내 거, 사법부 내 거잖아. 그러면 이게 삼선 개헌하는 거예요.

그다음부터 한 게 그 시스템이 그거잖아요. 그다음에 개헌해서 대통령 3선 할 수 있도록 만들고 또 하고 이거잖아요. 박정희 대통령도 똑같이 했고. 박정희 대통령은 머리가 더 좋아서 어떻게 했냐면, 이승만 때는 지방자치 때는 있었어. 지방자치제도 없애버려요. 그다음에 4.19 나서 양원제를 하니까 양원제도 없애버려. 이렇게 돼버린 거예요. 그래서 한 게 유신 공화국을 만드는 거 아니야? 죽을 때까지 하겠다. 그러니까 이걸 알면서도 양원제에 대해 엉뚱한 소리를 한다고 하는 것은 무식하거나 아니면 민주주의자가 아닌 거예요. 그 사람은 껍데기는 민주주의라는 탈을 썼을지 몰라도 본질은 민주주의자가 아닌 거예요. 간단해요.

정정현 명쾌하네요. 그렇다면 상원과 하원의 그 차이와 역할 이런 거는 어떻게...

권오성 정치학책을 보면 다 나오는 거지만 하원은 예산안 제출권이 있죠. 법률안 제출권도 있고 다 많이 갖고 있어요. 화폐 제출권도 있고 다 있어요. 상원은 그거를 검증하는 기관이기 때문에 법률안 제출권이 있기는 하지만 강하지 않아요. 예산 제출권은 하원만 갖고 있습니다. 근데 상원 승인권이 있는 거고 전쟁에 대한 승인권이 있고 이제 그런 중요한 것만 해요. 나머지는 하원에서 다 합니다. 그래서 대부분이 하원이 힘이 더 세요. 그리고 어떤 나라는 비슷한 나라도 있지만, 대부분은 하원이 더 힘이 더 세요. 그래서 하원의장이 더 힘이 세고. 미국 같은 경우는 상원 의장은 부통령이 해. 부통령은 상원 의장만 하는 거예요. 그냥 형식적으로. 근데 그렇게 되어 있으므로 독재라는 생각을 못 하는 거예요. 트럼프도 그 독재자 성격을 갖고 있음에도 불구하고 의회가 양원제니까 더는 의회가 뭘 하면 꼼짝 못 하잖아요.

그다음에 미국 같은 경우는 의회가 상원에서 전쟁 선포권도 있지만, 그 대사급 이상의 공무원에 대한 임명권을 갖고 있어요. 임명 동의권. 상원에서 임명 동의를 안 하면 아무리 쉬어도 안 돼. 청문회를 거쳐서 상원에서 도장을 찍어야만 장관 임명돼요. 우리는 그거 없잖아요. 그다음에 우리는 이런 제도를 하면서도 국무총리 제도가 있잖아요. 그러면서 말은 어쩌고저쩌고 내각제를 흉내 냈네 하지만 제가 볼 때는 그건 다 거짓말이고 그다음에 또 문제가 뭐 있어요? 예산안도 아까 말한 대로 그렇게 돼 있죠. 다음에 의원이 저 장관 겸직하잖아. 이건 흉칙한 제도예요. 어떻게 내각제가 아닌데...

정정현 내각제도 아닌데.

권오성 그렇게 하면서 그걸 또 인정해요. 요리조리 왔다 갔다 하는 거예요. 그런 게 어디 있어? 삼권 분립을 해놨잖아. 근데 요리 갔다 저리 갔다 하면 되겠어요? 그거 안 되는 거지요. 그래서 이런 허무맹랑하고 황당무계한 제도를 두고 있다. 이거는 고쳐져야 한다. 이게 다음 개헌 때는 고쳐졌으면 좋겠고 이런 걸 고쳐줘야 정치에 대한 국민적 신망도 높아지는 거예요. 자기들은 그렇게 안 하면서 맨날 민주화를 하고 엉뚱한 짓만 하니까 정치에 대한 신뢰가 없잖아.

정정현 그래야 정치의 수준과 품격도 높아지고 한국의 수준과 국격도 올라가고. 알겠습니다. 그럼 재정 분권과 행정 권한 이양으로 지방 정부의 자율성을 강화해 나가야 한다고 강하게 주장을 하셨는데, 구체적으로 어떤 방식과 경로로 이게 가능하다고 보십니까?

권오성 지금은 중앙에서 세금으로 가져가는 게 많죠. 저는 기본적으로 이렇게 생각합니다. 지방이 대부분, 서울도 서초구 같은 데는 한 30~40% 되나? 재정 자립도가. 나머지 시군은 다 10% 미만, 10% 왔다 갔다 이거밖에 안 돼요. 그런데 그게 그 사람들이 나빠서가 아니고 제도적으로 여기서 파는 것도 중앙정부에서 다 가져가게 되어있어 그래요. 그러니까 세법은 내가 정확히 모르겠지마는 재산세, 자동차세 여러 가지 많이 있잖아요. 그 부분에 지방에서 가져가는 게 있고 대부분 중앙에서 가져갑니다. 부가가치세 같은 거 다 가져가잖아요. 나는 원칙적으로 이렇게 생각을 해. 그건 횡포다. 이 지방에서 파는 거는 그 수익은 전부 다 지방세로 해서 들어가야 한다. 국세에서 걷는 건 일부분만 가져가고 나머지는 전부 지방세로 환원돼야 한다. 그렇게 되면 지방 자립도가 한 50%, 60%까지 갈 수 있을 거예요.

그렇게 돼야 지방이 자립적으로 정책도 만들고 도움도 주고 하지. 지금처럼 기재부에서 주는 대로만 받는 이런 입장에서는 지방 권력이 활성화될 수가 없어요. 내가 재정적으로 독립이 안 돼 있는데 뭐를 요구할 수가 있어? 이게 높으신 양반들의 결정권으로 모든 게 바뀌잖아요. 올해는 여기다가 공장을 지어, 올해는 여기다가 뭐를 해 이렇게 바뀌잖아요. 그러니까 지방 정부에서... 지방 정부인데 사실은 자치단체라고 하면 안 돼요.

정정현 지방 정부죠.

권오성 지방, 논산시 정부야. 원래 정식 이름으로 하면. 그럼 시 정부에서 예산이 자율권을 갖고 있어야 뭔가를 할 거 아니에요? 심의 의결도. 지금은 중앙정부에 다 통제받아. 이래서는 제대로 된 지방자치단체라고 말할 수 없다. 앞으로 이제 지방자치단체라고 하지 말랬잖아요. 대통령이. 똘똘한 거예요. 아주 똘똘하신 분인 거예요. 그렇게 돼야 맞아. 사실 중국도 그러잖아. 중국은 공산주의 국가인데도 시 정부라는 말을 다 쓰잖아. 한자로. 우리는 왜 안 써? 단체라고 그래 왜? 이게 잘못된 거라고 보면 돼요.

정정현 재정 자립도 그렇지만 세제 개편을 통한 재정 자립도 필요하고, 예산 편성과 집행권도 지방 정부가 가져야 지방 분권이 된다고 볼 수 있죠.

권오성 맞아요. 지금은 위에서 내려온 걸 가지고 여기서 회의해서 세분해. 그거를 세분해서 그냥 통과시켜주는 부분이거든요. 이렇게 쓰라고. 근데 이제 앞으로는 지방 세율이 높아지면 여기서 예산권을 갖고 행사하고 국가에서 받는 부분은 따로 별지로 들어오는 돈이니까 그렇게 계산을 따로 하죠. 그렇게 돼야 해요. 사실 근데 그걸 돈을 통제권을 뺏기면 지금까지 중앙집권 국가이기 때문에 뺏기면 다 뺏긴다고 생각해서 안 주려고… 장관들이 할 일이 없다, 장관이 지방에서 큰소리를 못 친다. 뭐 이렇게 생각하는 거죠. 그게 내가 볼 때는 참 촌스러운 생각이다. 좀 벗어나라 그런 거에서. 왜 당신이 아니면 안 된다고 생각하냐? 지방 정부에서도 열심히 하고 관리만 해줘. 그냥 관리만. 조율만 해주고 통제하려고 하지 말고. 그러니까 통제 권력을 민주화하는 것이 앞으로 선진국가의 특징이요. 그렇게 바뀌어야 합니다.

정정현 마지막 질문에 대한 마지막 보충인데, 그러면 지금의 자치단체 간의 재정 자립도는 굉장히 편차가 심하다고 알고 있거든요. 이를테면 더더욱이나 내륙에 처한 농촌 지역 영양, 봉화, 청송 뭐 이런 곳과 해안 지역에 있는 대도시에 위성 농촌 지역 이런 것과는 대단히 큰 격차를 나타내는데 행정구역 개편의 필요성은 어떻게 보십니까?

권오성 예를 들면 인접 지역으로 얘기합시다. 서천에는 바다가 있죠. 논산에는 농경지가 좋아요. 금산은 인삼이 나오고 지역마다 특성 산물이 있어요. 그럼, 이 세 개를 합쳐서 하나를 만들면 여기 시민은 바다도 마음대로 갈 수 있고 혜택을 여러 가지 볼 수 있을 거예요. 그다음에 발전도 나눠서 잘 할 수 있고. 이렇게 맞는 것끼리 통합을 시키자 이거예요. 그래서 관광도 되고 생산도 되고 이렇게 묶으면 된다. 그러면 금산, 논산, 서천 이렇게 해서 부여까지 포함해도 되지만, 이렇게 해서 하나로 묶어놓으면 효율성 있게 예산을 쓸 수가 있다.

정정현 그렇게 묶는 것은 광역시 체계로 가자는 말씀인가요?

권오성 그렇죠. 가능하죠. 대전만 광역시 할 이유가 없지요. 아니면 특별시로 가도 되고. 하여튼 그렇게 해서 예산도 줄이고 공직자 수도 줄일 수 있을 거예요. 그렇게 하면서 그 나머지 비용은 지방 발전에 쓸 수 있는 거지요. 근데 지금은 다 통제 권한만 이렇게 키워서 커지는 걸 반대해요. 그러다가 갑자기 대전 충남 통합하기 시작하니까 사람들이 황당해하는 거예요. 지금 아무 생각 없이 어떻게 하려고... 이런 연습을 안 했단 말이에요. 그러니까 공주, 청양, 보령 이렇게 하면 거기도 바다가 있고, 산이 있고 농토가 있어요. 3개를 묶어. 그래서 그 지역 사람들은 편하게 왔다 갔다 하도록 해. 이렇게 서로 효율성이 높게 돈이 되도록 만들면 된다. 이 과정 없이 갑자기 통 폐업하려고 하니까 엄두가 안 나는 거지, 사실은. 엄두가 안 나는 거예요.

정정현 그러고 보니 제주도가 한라산을 중심으로 모든 구역이 삼각형으로 나뉘어 있더라고요. 산부터 중산간 해변까지. 애월읍이 한라산 저 꼭대기에도 있어요. 그리고 중산간에 있고 해안까지. 그런 식의 방식들이 한반도에서 이 정도의 지형에서 맞겠다는 생각도 드네요. 비슷하겠네요.

권오성 그래서 그런 식으로 일단 정비가 되고, 그래서 지금 충남이 15개의 시도란 말이에요. 그럼, 그거를 한 5개 정도로 효율성 있게 확 줄여요. 그래서 그 예산을 가지고 한쪽을 좀 키워주든지 이렇게 해서 나눠서 쓰면 되고. 그 상태 이후 발전이 좀 되면 합해서 하나로 가면 되니까. 사실 그것도 힘들어요. 쉬운 게 아니에요.

권오성의 답

論山, 일어서다

예산 문제에 대한
심층적인 연구,
리더십에 대한 연구,
법률에 대한 연구,
예산 사용에 대한 연구,

저는 그렇게 살아왔고
준비해왔어요.
시민의 삶과 활동을
먼저 챙기는 스타일입니다.

공직자가 그냥 책상머리에 앉아서
예산만 쓱쓱 해치운다는 건
제가 볼 땐 죄악이에요.

정책의 목적이 시민이고,
시민이 잘되어야
논산에 변화가 생긴다는 거죠.

그게 아니라면
제가 시장을 해야 될 이유도 없어요.

#03

권오성이 꿈꾸는 미래를 묻다

정서우 공약에 대해서 여쭤보겠습니다. 이번 논산시장 선거에서 내걸고자 하는 캐치프레이즈는 무엇입니까?

권오성 여러 고심 끝에 '논산, 일어서다!'라고 만들었습니다. '침체의 늪에서 벗어나자, 우뚝 일어서자, 논산'이라는 뜻입니다.

정서우 논산의 지속 발전을 담보할 핵심 공약은 무엇인가요?

권오성 논산은 논산천論山川이라고 하는 엄청난 자산을 가지고 있어요. 논산천 개발을 통해 논산관광의 메인 코스로 개발할 생각입니다.

정서우 관광의 메인 코스, 너무 좋은데요?

권오성 논산천 변의 너른 둔치에 흔히 볼 수 없는 특색 있는 꽃들로 꽃길을 조성해서 전 국민의 휴양지로 주목받을 수 있는 장소로 만들고자 합니다. 현재 둔치 주변의 환경적 기초는 다져져 있고, 거기에 조금만 더 노력하면 전 국민에게 사랑받을 가능성이 매우 높아요. 더 나아가 논산천을 왕복하는 마라톤과 크로스컨트리 코스도 구상 중입니다. 그렇게 되면 논산의 입지가 지금까지 논산에 비하면 엄청나게 색다르고 커질 것으로 생각합니다.

또 하나는 농업 가공 생산입니다. 농산물 1차 가공뿐만 아니라 2차 가공, 제조할 수 있는 생산시설들이 활성화되어 있지 않습니다. 이런 생산시설을 활성화하겠다는 겁니다. 그리고 농산물을 집하, 판매할 수 있는 유통단지를 지어야겠다. 이건 아마 모든 농가의 숙원 사항일 겁니다.

그다음에 논산의 브랜드를 더 전략적으로 개발해야겠다고 생각합니다. 독창적인 논산 브랜드를 개발해서 '논산'의 이름으로 전국적으로 유통이 될 수 있도록 하고, 나아가 2차 가공 상품들을 논산 브랜드로 외국에 수출할 수 있도록 상품시장 확대를 하겠다는 포부를 갖고 있습니다.

탑정호수도 확장된 관광유역 개념의 개발을 통해 시민들은 물론, 전 국민이 사계절 찾아와 즐기고 쉬어갈 수 있는 공간으로 만들겠다는 복안을 갖고 있습니다. 관광유역 개념의 개발이란 탑정호수 수변공간은 물론, 연결도로, 주차장, 숙박지구, 놀이시설, 유휴시설 등을 포괄하는 관광단지 개념으로 이해하시면 됩니다.

또 하나 치중해야 할 사업은 '농업경영 청년 직장'을 만드는 사업입니다. 무슨 말이냐면, 농업경영을 희망하는 청년들이 농업기술센터에서 농업경영 교육을 받도록 위탁하고, 논산시가 투자하는 농업경영회사를 만드는 거죠. 현재 나이가 드셔서 농사를 못 짓는 분들의 농사를 이 회사가 맡아서 대신 농사를 짓고, 출하하여 유통할 수 있도록 돕는 회사입니다. 이 회사에 농업기술센터의 농업경영과 농업기술을 이수한 청년, 장년들이 취업하여 의뢰받은 농업을 대리 경영하도록 하고, 그런 사람들이 연차가 되면 스마트팜(스마트팜Smartfarm. ICT를 접목해 생육환경을 자동·정밀 관리하고 원격으로 제어하는 지능형 농업 시스템)을 창업할 경우, 시에서 자금을 지원하고 창업을 지도해 주는 시스템을 만들고자 합니다.

관광을 위한 또 하나의 구상은, 논산을 대표하는 음식이나 메뉴를 개발하여 관광 부대 효과와 기대수익을 올리는 방안들을 적극 마련하겠다는 생각이 있습니다. 여기에는 논산시민들의 적극적인 참여를 도와 시민들이 직접 운영하는 방식으로 지원할 예정입니다. 그리고 논산천 대교 밑에 상설 버스킹Busking 공간을 제공해서 전국의 아티스트들이 찾고 머무르며 공연하고 관광객들이 함께 즐기는 명소로 만들겠다는 구상이 있습니다. 관광산업이란 것은 단순한 경관 사업이 아니라 걸맞은 컨텐츠가 있고 문화가 있어 먹고 놀고 즐길 수 있는 프로그램과 컨텐츠가 있어야 하기 때문입니다.

정서우 논산 경제 발전의 가장 주요한 고리는 무엇이라고 생각하시며, 어떤 청사진을 그리고 계시는지 궁금합니다.

권오성 논산의 관광산업 활성화를 위해서는 탑정호수를 조금 더 심도 있고 특색 있는 수변 관광지구로 개발해서 어린이들을 데리고 와서 즐길 수 있는 가족 친화형 관광지구로 만들고, 연산면에는 돈암서원이 있는데 그곳도 단순한 관람 공간을 넘어 머무르며 체험할 수 있는 '선비 스테이'를 한번 해보고자 합니다. 절에 가서 템플스테이Temple stay 하듯이 말입니다. 옛 선비들은 어떻게 하루를 보냈는지, 서원이란 곳에선 어떤 일이 이루어졌는지, 서원의 의의와 의미는 무엇인지, 우리 자식들과 다음 세대들에게 알리고 계승하고자 하는 거죠.

탑정호수 관광단지 개발은 적어도 경기도 포천 산정호수 수준 이상은 돼야 한다고 봅니다. 포천 산정호수는 놀이 시설도 되어있고 산책로도 잘 정비되어 있습니다. 아이들 데리고 와서 놀 수 있는 곳, 오리배도 탈 수 있는 곳, 거기에다 다양한 부가시설 등을 다 포함해서 만들겠다는 복안입니다. 개발을 원활하게 하도록 규제 관련 민원의 해결과 숙원사업을 묶어서 행정적 지원과 노력을 최대한 신속하게 할 생각입니다.

논산 외곽 관광지들을 거쳐 논산 시내에 들어오면, 논산천에서는 언제나 버스킹이 이루어지고 있고 누구나 가볍고 흥겹게 즐길 수 있는 상설 버스킹 무대가 제공됩니다. 논산천은 논산의 젖줄이자 논산 관광의 메카가 될 것입니다.

제 욕심 같아서는, 논산천의 폭이 한 400m쯤 되는데, 물이 흐르는 곳이 상류 쪽은 한 20m 정도, 하류로 가면 100m 가까이 됩니다. 양쪽이 수려한 갈대로 줄지어 밭을 형성하고 있어 장관이에요. 엄청나게 멋있습니다. 그곳에 긴 꽃길을 만들고 논산에서 강경까지 강변길 따라 자전거로도 왔다 갔다 할 수 있게 만들고, 1년에 한두 번씩은 마라톤 대회도 개최할 생각입니다. 철마다 축제를 열리고 언제나, 누구나 버스킹을 할 수 있게 하면 논산시민이든 관광객이든 하루의 일과를 마치고 와서 힐링할 수 있는 장소가 될 수 있습니다. 논산천 변의 길을 따라 각양각색의 카페와 레스토랑도 만들고, 인생의 한때를 즐기고 갈 수 있는 곳. 그곳에선 산책만 해도 기쁨이 넘칠 겁니다.

그리고 은진恩津에 있는 은진 관아를 새로 조성했으면 합니다. 예로부터 은진이 대단히 큰 곳이었거든요. 조선말에도 한 2만 명의 인구가 살았던 곳인데 지금은 안타깝게도 없어졌어요. 일제강점기에 일본인들이 논산 인재의 기운을 없앤다고 없애버렸거든요. 우리 논산의 미래와 후손을 위해서라도 우리 선조의 지혜와 기운이 용틀임하던 그곳을 다시 복원해야 하지 않겠습니까? 그리고 우리나라 근대 독립계몽운동의 대표적 역사적 인물인 서재필 박사(徐載弼, 1864년 1월 7일 ~ 1951년 1월 5일)은 조선의 문신, 대한제국의 정치인·언론인이자, 대한제국의 독립운동가·의사이다. 또한, 미국에서 병리학자·의사·시인·소설가로 활동하였다. 갑신정변에 참여했으며 1977년 11월 30일 대한민국 건국공로훈장 대한민국장에 추서되었다)의 고향이 논산입니다. 그런데 그분에 대한 유적도 거의 없어요. 우선 기념비라도 만들어 기릴 필요가 있습니다. 또한 우리 논산은 일부一夫 김항 선생의 정역사상(正易思想. 정역은 조선후기 김항이 『주역』의 원리를 독자적으로 이해하여 주창한 역학사상이다)을 만들어 세운 곳이에요.

그래서 "주역周易 이후의 시대는 정역正易의 시대다" 하는 표현이 있거든요. 그 정역사상과 김항 선생을 기리고 배우는 학습당 형식의 기념당을 만들고 싶습니다.

이 모든 문화 역사적 자산들과 관광자원들을 종합적으로 연계시키면, 강경 옥녀봉, 젓갈 시장, 연무대가 있는 군사시설까지 하나의 논산 관광지구로 개발할 수 있습니다. 그냥 거쳐 가는 곳이 아니라 숙박하며 머무르며 먹고 즐기고 쉬면서 다른 지역으로도 편리한 교통망으로 이동할 수 있는 논산으로 만들겠다는 겁니다.

정정현 그런데 논산천을 사계절 전부 활용한다면 꽃길만으로는 부족하잖아요. 가을이나 겨울은 어떻게 활용을 하실 계획이신가요?

권오성 지금도 대교다리 연변에 파크골프장이 4~5개 있습니다. 일부는 꽃길로 조성하고 일부는 갈대밭도 만들고 나머지는 계절마다 다른 컨셉, 다른 공간으로 바꿀 겁니다. 공연장도 만들어 다양한 이벤트와 축제가 펼쳐지는 종합관광지구가 될 거예요. 대한민국 어디에도 없는 특색 있고 창의적인 논산천 관광지구가 될 겁니다. 폭이 100m에 길이가 1.5km 되는 꽃길을 걸으면 벅찬 감동과 아름다움을 느낄 거예요. 그 사업으로 인해서 논산시의 취업환경과 관광산업이 덩달아서 발전될 것으로 생각합니다.

정정현 유량이 그다지 많은 편은 아닌 걸로 알고 있는데, 어떻습니까?

권오성 1년에 한 번, 8월 즈음에 비가 몰아서 올 때가 있죠. 그럴 땐 한 달 정도는 자연도 쉬어야죠. 단순히 꽃길의 풍경 조성만 생각하는 게 아니고 노동력이 필요하잖아요. 몇 달에 한 번씩 꽃을 갈아야 하는 거고, 비가 왔을 때는 털고 다시 해야 해서 시니어 일자리들도 많이 만들어질 거로 생각합니다.

정서우 무엇보다 교통이 편리해야 삶의 질이 올라간다고 생각하는데, 논산시의 교통체계에서 시급하게 바뀌어야 할 문제점은 뭐라고 생각하십니까?

권오성 아마 객지에서 논산역에 내려서 버스를 타려면 당황할 거예요. 정류장에 버스 노선표가 없어요. 그러면 버스를 어떻게 타고 가죠? 최종 목적지는 그려져 있지만, 중간 노선표가 없어요. 논산을 모르는 분들이 중간에서 내려야 하는 분들은, 이쪽에서 타야 하는지 저쪽에서 타야 하는지,

몇 번 버스를 타야 하는지를 알 도리가 없는 거예요. 물어볼 사람이 없다면 더욱 당황스럽겠죠. 논산시민들은 알겠지만, 외지 사람들은 어쩌란 말입니까? 방향도 경유지도 모르는 거죠. 우선 버스 노선표를 고치는 것부터 시급한 일입니다. 아마 전국 시 단위 도시에서 노선표 없는 버스 승강장은 없을 거예요.

정서우 저도 노선표가 없다는 얘기는 처음 듣게 되네요. (웃음)

권오성 문제가 심각해요. 바로 고쳐야 하는데 관리 감독하는 논산시는 왜 이걸 안 하고 있는지 이해가 안 되는 부분입니다. 심지어 논산에서 살았던 저도 주민들께 몇 번이나 물어봤습니다. 불안하니까, 잘못해서 엉뚱한 데 갈까 봐.

정서우 논산지역의 의료체계를 개선하기 위해서 가장 시급한 과제는 무엇입니까?

권오성 현재 논산시는 65세 이상의 인구가 30%에 달합니다. 면 단위는 평균 나이가 60대니까. 지금 젊은 층이라고 할 수 있는 옛 논산읍, 그러니까 지금의 부창동, 취암동만 해도 평균 나이가 44세입니다. 젊은 사람은 거의 없다고 보시면 돼요. 나이가 65세 이상이면 이것저것 병증이 옵니다.

골반이나 무릎뼈가 문제가 있다거나, 관절 류머티즘, 기관지염, 뇌졸중, 고혈압, 하다못해 눈이 침침하다는 등 여러 곳에서 문제가 발생하게 됩니다. 소위 노인병이라고 하는 것들인데, 이런 분들을 전담해서 치료하기 위한 시립노인병원이나 노인의료원을 개원할 필요가 있습니다.

지금 보건소는 면 단위마다 있어서 15개 정도 있습니다. 이곳도 재정을 확충하여 시설과 장비, 인력을 늘리는 등 더 활성화해야겠죠. 병증은 뻔하고 처방도 뻔한데 의사 구하기 어렵다고 손 놓고 있으면, 어르신들께서 고생해 가며 먼 시내까지 나와야 하는 문제도 속히 해소해야 합니다. 사실 그럴 필요가 없습니다. 1차 진료 기능을 중심으로 진료하고 처방하여 약을 손쉽게 구할 수 있도록 하면 됩니다. 그런데 그것 때문에 보험 수가가 높아 의료비가 비싼 일반 병원에 가기도 어쭙잖으니까 노인분들은 꺼리시는 경우가 많아요. 그래서 1차 진료는 가까운 보건소에서 하고 2차, 3차 병원에 가야 할 경우, 논산 시내든 타 도시든 갈 수 있도록 하고 싶다는 게 논산시의 의료체계에 관한 제 기본 생각입니다. 이런 것만 잘 되어있어도 효孝를 잘 살리는 길이 아닌가 합니다.

정서우 청년층이 지방에서 많이 사라지고 있어요. 그래서 지방에서 일할 사람이 없다, 청년들이 수도권으로 몰린다, 하는 고민에 빠지게 되는데, 논산시의 청년 정책은 어떤 방향이어야 한다고 보십니까?

권오성 지금 아이를 낳으면 얼마를 준다는 지자체들이 많죠. 어느 정도 필요하니까 하겠지만, 청년의 일과 꿈에 투자하라 말하고 싶습니다. 집안 환경이 크게 넉넉하지 않다면, 여기서는 먹고 사는 일도, 결혼하고 아이를 낳아 키우는 일도 하기 어려우니 다른 도시로 가서 살 수밖에 없다는 게 청년들의 솔직한 심정이잖아요. 부모는 자식에게 미안하고, 자식은 부모님께 죄송하고.... 이런 상황이 만들어지는 게 현실이에요. 논산에서 살고 싶어도 일자리가 잘 없잖아요. 이런 안타까운 상황을 속히 바꿔야겠다고 생각합니다. 그러려면 진정으로 청년들의 일과 꿈에 투자해야 한다는 것입니다. 그래서 청년들이 안정적이고 만족할 만한 일자리부터 많이 만들고, 자신 있게 창업할 수 있도록 창업지원금을 확충해서 지원해주고, 경력을 쌓은 청년들에게는 또 다른 도전과 성숙을 할 수 있도록 그에 걸맞은 지원책도 마련해야 합니다. 그리고 안심하고 일에 전념할 수 있고 결혼도 할 수 있도록 청년, 신혼부부에 대한 주거비 지원도 진지하게 고려해야 합니다. 보육비와 교육비 지원책은 더욱 장기적인 관점에서 준비해나가야겠죠. 이런 것들을 체계적인 제도로 만들어내야 합니다. 그만한 지원을 해 줄 필요가 있는 게 어차피 이곳에서 뿌리를 내리고 살 사람들이기 때문입니다. 청년들이 여기서 일하고 정착하여 가정을 꾸리고 살며, 논산의 아이들을 낳아 키우게 되면, 그 모든 것이 논산을 위해 일하고, 세금 내며, 논산을 키우고 발전시키는 길이기도 하기 때문입니다. 그러니, 맨날 젊은 사람들 줄어든다고 하지 말고 그들이 정착하여 살아갈 수 있는 환경을 적극적으로 만들어줘야 한다는 거죠. 거저 주는 것이 아니라 논산을 위한 투자가 되는 겁니다.

정서우 도심 개발에 관한 이야기를 빼놓을 수 없겠죠. 신. 구 도심의 분리로 인한 불편함과 낡은 도심 정비가 필요하다는 지적이 있습니다. 이에 대해 후보님은 어떻게 생각하십니까?

권오성 논산의 구시가지를 보니까 도시가 전깃줄로 꽁꽁 묶여 있는 느낌이에요. 높지도 않은 건물 옆으로 전선들이 얼키설키 붙어 있으니까 거미줄처럼 얽혀 버린 거예요. 도시 미관을 엄청나게 해칩니다. 따라서 전선 지중화 사업을 속도감 있게 강력하게 시행할 생각입니다. 구도심을 지나가 보니까 휴·폐업 상태도 많아요. 그래서 논산 구도심에 광장을 만들려고 합니다. '논산광장'이라고 해서 기념탑도 세우고, 사람들이 오가며 즐길 수 있는 휴식공간도 만들고, 공공기관을 구도심의 빈 부지로 이전할 생각이 있습니다.

논산 중앙시장은 시장 전문화를 하려고 해요. 시장도, 상품도, 전문성이 있어야 경쟁력이 높아지거든요. 논산의 브랜드화된 특산품과 2차 농가공제품 등을 구획 별로 잘 정돈하여 시장 전문화를 이룰 계획이 있습니다. 그리고 대교다리 아래에 음악 공연장을 만들고, 꽃길을 조성하게 되면, 상권도 활성화되어 구도심에도 사람들이 쉽고 즐겁게 찾아올 수 있는 곳이 됩니다.

거기에 발맞춰서 군산 이성당, 대전 성심당이 있듯이 논산 특산물로 만드는 빵을 개발해서 관광상품화할 필요가 있다고 봅니다. 이렇게 도시재생과 상권 활성화, 관광 도시화하면 생활인구, 관계인구의 증진 및 외지 인구의 유입으로 취업도 활성화되고 상권도 활발하게 될 것이라 봅니다.

정정현 논산은 예로부터 넉넉한 평야가 있고 질 좋은 농산물이 많이 난다고 들었는데, 농업 발전 정책을 생각한다면 2차 농가공산업을 활성화하시겠다고 말씀하셨는데, 농촌 지역마다 1차 산물에 4차산업을 접목한 6차산업으로 농업 혁신 및 농가공 품 산업의 발달과 인터넷을 통한 유통, 판매 경로의 다변화를 꿈꾸고 있습니다. 논산에서 1, 2차산업을 넘어서는 6차산업의 발전 가능성에 대한 계획은 세우고 계시는지요?

권오성 저는 취업, 창업 중심의 산업화를 많이 생각하고 있어서, 당연히 스마트팜 지원이 필요하고, 농업경영인 전문교육을 통한 농업혁신 경영인들을 청년을 중심으로 육성할 계획이며, 농업 부문의 가공산업 발전을 제대로 이뤄야 해요. 농산물 가공산업은 일손이 많이 필요한 부분이거든요. 그래서 소규모로 하더라도 전문성을 갖추게 되고 취업 인력이 많이 늘어나게 될 겁니다. 그다음에는 유통센터를 건립할 거예요. 그래서 농축산물의 유통센터 집하를 통해 전국적 유통과 판매를 쉽게 하고, 농업인 스스로 판매할 수 있도록 함으로써 중간 마진을 줄이면서 농가 수익을 높일 방안을 계획하고 있습니다. 그렇게 될 때 다수의 농민에게 도움이 될 것이고, 논산시 농축산물의 브랜드화도 효과를 보게 될 것입니다.

정정현 논산의 특산물과 품목별 작목반作目班은 어느 정도 있나요?

권오성 딸기는 이미 전국적으로 유명해져서 전국에 약 40~50% 가까이 보급하고 있습니다. 이제 딸기는 다른 지역에서도 많이 해요. 그래서 경쟁력을 더 키울 방안 연구를 해야 하는 것이 과제입니다. 또 하나는 채운, 성동 등지에서 키우고 있는 스테비아 방울토마토가 있는데, 전국에 약 60% 가까이 공급하는 것 같아요. 이 딸기는 당뇨에 효과가 좋은 기능성 품종이어서 2차 가공품으로도 손색이 없는 품종이죠. 논산 토마토는 1년 내내 수확을 하는 작물이라서 경제성이 좋습니다.

정정현 그런 작물들은 브랜드화가 되어 있나요?

권오성 지금은 개개인이 각자 이름을 걸고 팔고, 논산의 공동 브랜드는 없어요. 그래서 하나의 브랜드를 만들어서 가구에도 도움 되고 논산시에도 도움 되도록, 브랜드 사업을 지속해 발전시킬 수 있도록 관리와 처방이 필요한 거죠. 그리고 논산시 공동 유통센터만 만들어도 제품을 운반하고 관리하고 하는 취업 인력이 많이 늘어나게 될 거예요. 논산에서 나는 제품을 가지고 논산 사람들이 잘 정비해서 다른 지역으로 팔고, 그 과정에서 많은 일자리가 만들어질 수 있다는 게 제 정책의 큰 특징입니다.

정정현 그렇다면 기계 제조업에서 말하는 '강소기업' 개념처럼, 농업에서도 '작목별 강소 농업경영'을 활성화하고 브랜드화시키겠다는 내용과도 궤를 같이한다고 볼 수 있습니까?

권오성 바로 그렇죠.

정정현 논산 발전을 위해 관광산업을 핵심적 산업으로 전략화하여 정책을 세우고 실행해 가시겠다고 하셨는데, 논산시는 특히 역사와 전통, 문화적 배경들이 풍부하며, 연무대가 있어서 군사도시라는 이미지도 있는데, 이것을 어떻게 효과적이고도 창의적으로 관광자원 화할 수 있는지, 설명해 주시면 고맙겠습니다.

권오성 연무대鍊武臺 같은 경우도 그렇습니다. 국방산단만 생각을 하시는 분들이 많은데 그거는 우리가 원한다고 되는 것이 아니고, 산업 단지화할 수 있는 토양이 돼 있어야 해요. 정밀기계공업, 화학공업과 같은 기초 시설들이 갖춰져 있을 때 국방부나 기업에서 오는 거지, 무조건 불러들인다고 오는 것도 아닙니다. 연무대는 전 국민이 알지만, 논산 시민에게 연무대는 그냥 조그마한 지역일 뿐이에요. 훈련

장병들이 논산 시내를 거쳐서 시간을 보내며 즐기다 연무대로 가는 게 아니기에, 논산과는 사실상 크게 관계가 없는데도 불구하고, 현 시장은 강조를 많이 하는 것 같아요.

많은 부모님이 자식들을 입영시키면서 '잘 지낼 수 있을까?' 하는 염려들이 많으실 거예요. 그래서 저는 폐교들을 이용해서 '병영체험학습관'을 조성해 1박이든 2박 3일이든 하루 이틀 체험하면 군대에 대한 막연한 두려움이 많이 줄어들지 않을까? 생각합니다. 그리하여 학습관 프로그램에 서바이벌 게임도 포함하여 체험하게 한다면, 즐겁고 재미있게 병영체험도 하고 추억을 쌓아가는 경험이 될 수 있을 것으로 생각합니다.

하나 더 덧붙인다면, 연무대 인근에 군사박물관 같은 걸 새로운 시각으로 만들어내는 거죠. 저는 경주건 어디서건 박물관을 보면서 참 안타까웠던 점이 뭐냐면, 왜 녹슨 구시대 병장기들을 갖다 놓고 관람만 하게 하는지 궁금했어요. 그걸 보고 그 시대를 제대로 상상할 수 있겠어요? 진품은 별도로 전시하되, 진품처럼 복원한 것을 설치하여 만져도 보고, 들어도 보고, 겨눠도 보는 것이 훨씬 더 실감 나는 체험박물관, 전시관이 되지 않을까 합니다. 그래야 병장기가 어떻게 사용되었다는 것을 실감하지, 그냥 고철을 가져다 유리관 안에만 전시해놓으면 어떻게 상상할 수 있겠는가 생각합니다. 청동거울도 마찬가지예요. 잘 닦여진 청동거울에 자기 얼굴을 비춰보고 '그 시대는 이런 형태로 썼구나' 하는 것을 느낄 수 있을 것 아니겠습니까? 녹이 슬어 전혀 반사되지도 않은 것을 전시해놓으면 어디에 쓰이는 물건인지 상상이 안 되는 거예요. 청동거울의 앞을 봐야 하는 건지 뒤를 봐야 하는 건지도 가늠이 안 될 거예요. 제가 구상하는 박물관과 전시관은 그런 형태를 말하는 거예요. 그런 가시성과 체험성 높은 박물관을 만들어야 한다고 생각합니다.

정정현 역사와 전통문화를 관광 상품화한다면 가장 기본적으로 바탕이 되어야 하는 게 스토리텔링storytelling이라고 보거든요. 이야기의 구조, 서사의 구조를 만들어냈을 때 사람들과 교감이 되면서 그 상품이 성공한다고 봅니다. 논산의 역사와 전통문화를 스토리텔링화 한다면 어떤 주제가 될까요? 핵심적인 키워드는 무엇일까요?

권오성 제 상상력으로는 그렇습니다. 이를테면, 황산벌박물관이 있다고 쳐요. 사람들은 거기서 무엇을 가장 먼저 상상하게 될까요? 아마 그 백제군하고 신라군하고 전투하는 광경을 한번 보고 싶을 거예요. 당시의 군복에 창과 방패를 들고, 사다함(신라의 화랑. 진흥왕 23년(562)에 가야국 정벌에 종군하여 큰 공을 세웠으며, 무관랑(武官郎)과의 우정으로 유명하다)이 말 타고 전투하는 장면을 보고 싶을 거라고요. 그런 걸 해보자는 거예요. 서울 경복궁의 수문장 교대식처럼 그렇게 보여주자는 거예요. 그럼, 얼마나 재미있겠어요? 유럽에선 하더라고요. 그런 걸 재현해주면 진짜 관광이 되는 거죠. "저 시대 말 타고 저렇게 싸웠구나.", "방패와 칼을 저렇게 썼구나." 그래야 실감이 나지 않겠습니까? 미국도 남북전쟁 때 스토리를 재현하여 보여주잖아요. 그런 것처럼 눈앞에 가시화된 관광상품을 개발하자는 거죠. 길은 많이 있어요. 내가 모를 뿐이지.

정정현 논산의 역사와 전통문화를 핵심적으로 나타내는 단어가 뭘까요? 국난을 이겨낸 고장이라든지, 외세를 물리친 고장, 아니면 우리 전통 가치와 정신을 빚어낸 고장... 이런 여러 가지로 나타낼 수 있다면 어떻게 표현할 수 있을까요?

권오성 논산은 기본적으로 평화로운 곳이었어요. 그리고 삼국시대 이래로 가난해 본 적이 없는 도시예요. 평야도 넓고 산도 있어서. 그렇지만 논산지역에서 가장 의미 있게 일어난 역사는 '개혁의 역사'입니다. 논산 지역민들은 개혁 의식이 굉장히 강했어요. 새로운 것을 추구하는 거죠. 백제 때도, 신라 때도, 고려 때도 그랬을 겁니다. 고려 시대 개태사開泰寺는 삼한을 통일하고 지었던 절이에요. 삼남 이남의 제일 큰 절이었죠. 계룡산도 개벽 신화가 깃든 산이었고. 이렇듯 개혁의 의지가 굉장히 강했고 새로운 정기를 세워냈던 새로운 고장이라고 말할 수 있어요. 동학도 마찬가지입니다. 동학군이 공주 우금치牛金峙 전투에 임하기 전 집합지가 논산이었어요. 여기서 남·북접이 만나 녹두장군이 대장을 맡게 되고 다음 날 우금치로 진격한 겁니다. 우금치는 전투도 제대로 못 해보고 전몰한 희생지였고, 그전에 결집한 곳은 논산입니다. 우금치에서 패하고 또다시 모인 곳이 논산이에요. 논산에서도 몇 차례의 전투가 있었다고 합니다. 논산의 황화 산성도 치열한 격전

지였어요. 그런데도 논산에는 동학 기념지가 없어요. 당연히 이제라도 만들 필요가 있는 거예요. 그리고 정역이라는 것도 개혁사상이에요. 주역의 시대가 끝나고 새로운 시대가 어떤 모습으로 오니 그때 어떻게 대비하라는 것이 정역의 주된 내용입니다. 서재필 씨의 고향도 논산이라고 그랬잖아요. 1884년에 서재필 씨는 갑신정변의 주역이었어요. 개혁사상가였죠. 정역도 개혁사상이고 동학도 개혁사상이에요.

권오성 당시 노성현에서는 현감이 비리를 저지르고 백성들한테 쫓겨난 저항의 역사가 있는 곳이기도 합니다. 또한 논산은 상업 도시이기도 했죠. 논산의 물산들이 강경포구를 통해 조정으로 올라간 곳이에요. 김대건 신부도 강경포구로 들어왔다는 이야기가 있다시피, 새로운 문물, 개혁의 상징, 그러면서도 먹고 살기 좋은 곳, 정의로운 곳, 이런 것이 논산의 기질입니다. 그래서 이런 기질과 성정으로 논산을 새롭게 일으켜 세우고 활성화한다면 못 할 것이 뭐가 있겠느냐 하는 것이죠. 예로부터 논산은 거칠다는 말도 있어요. 그런 기질을 가진 사람들이기 때문에 거칠 수밖에요. 이런 스토리들을 잘 살려낸다면 논산은 우뚝 일어서고 쭉쭉 뻗어 나갈 수 있다고 생각합니다.

정정현 처음 듣는 얘기들이 많아서, 논산이 그런 곳인지 몰랐습니다. 잘 발전시키면 대단히 높은 관심을 집중시킬 수 있겠습니다. 논산은 서비스업 비중이 굉장히 높은 편이라던데, 더 발전하지는 못하고 기존 수준에 정체되어 있다는 얘기를 들었습니다. 논산의 서비스업을 발전시키기 위해서는 어떤 대책이 필요할까요?

권오성 서비스업 하면 금융, 여신, 또는 호텔, 노래방 등 자영업까지 다 포함되겠죠. 사람들이 논산에 호텔이 없다고 얘기를 해요. 그런데 논산에 갑자기 호텔을 만들라고 하면 누가 선뜻하겠습니까? 많은 돈이 들어가는 부분이라 꿈같은 얘기가 될 수 있죠. 저는 방식을 좀 달리하려고 합니다. 어쨌든 관광산업을 중점적으로 진행할 것이기 때문에 유입자금이 늘어날 거예요. 그렇다고 신규로 큰 리조트를 짓는다는 것은 현실적으로 조금 어려운 얘기고, 유럽에 가보면 조그맣고 아기자기한 호텔들이 있잖아요. 별 하나짜리, 별 두 개짜리. 그렇게 하겠다는 거죠.

정정현 소담하고 아주 특색 있는 숙박시설들 말이죠?

권오성 네. 지금도 호텔이 전혀 없는 건 아니에요. 모텔을 호텔처럼 이름 짓고 하는데, 모텔이라고 하면 인식이나 수준을 좀 낮게 보는 것도 현실이잖아요. 그래서 그거를 논산시에서 잘 꾸미고 관리하도록 지도해서 논산시 공식 인증 '별 하나 호텔', '별 두 개 호텔' 식으로 정비해주고 이미지도 바꿔놓겠으니 숙박업자들도 노력을 같이하자는 거죠. 시에서 할 수 있는 건 최대한 지원하고 가동하겠다고 약조하는 겁니다. 그렇게 해서 시가 공인하는 숙박업소가 되면 신뢰감이나 운영관리 수준은 높아지게 되어있습니다. 그렇게 해서 이용 인구가 늘어나게 되면 더 많이 생겨날 것 아니겠습니까? 그렇게 점진적으로 발전시켜가는 겁니다. 한꺼번에 수백억, 수천억을 들여서는 누가 하겠어요? 또 한 가지는, 논산에는 광장이 없어요. 광장을 만들어 도시의 중심을 꾸미고 활성화해서 더 멋진 도시, 더 세련된 도시를 만들어야겠다고 하는 것입니다. 논산은 충분히 할 수 있습니다. 그런 자원들은 다 있다고 봅니다. 도로 사정은 논산이 얼마나 좋습니까? 동서남북 사통팔달四通八達이죠.

정정현 지금부터는 2026년 지방선거에 관한 이야기와 앞서 설명하셨던 주요 핵심 공약 외에 더 구체적이고 세밀한 논산 발전 계획을 살펴보겠습니다. 우선 내년 지방선거에서 논산시장에 도전하기로 결심한 결정적인 계기가 있을까요?

권오성 저도 논산 출신으로 논산에 꿈이 없었던 건 아니에요. 논산에서 초등학교 입학하여 프랑스에서 정치학 박사까지 한 사람이니 내 고향에서 마지막 열정을 쏟아내고 싶은 게 인지상정 아니겠습니까? 어떻게 보면 저도 어딜 가나 논산에서 배출된 인재라고 자부하곤 하는데, 운은 따르지 않았어요. 과거에 이인제 의원이나 안희정 도지사도 와서 있었지만, 저와는 연계가 잘 안됐고, 그래서 대학 강의를 하면서 시민사회단체 활동과 연구 저술 활동을 많이 했었고요. 그러던 몇 년 전에 국민의힘 인사가 논산시장이 됐잖아요? 그리고 최근 지방선거를 앞두고 지인 여러분들이 논산의 시장 후보군 중 강력한 후보가 많지 않은 것 같다며, "당신이 그만큼 배우고 가르쳤으니 고향에서 좋은 일

한번 해보는 게 어떻겠나?" 하는 추천들이 있었죠. 그래서 고심하던 끝에 저도 나이가 있다 보니 제가 쌓아온 지식과 경험, 제 모든 능력을 한번 다 쏟아부어서 고향 논산을 발전시켜보고 싶다는 바람이 있었던 거죠. 이런 것들이 종합돼서 '한번 해보자'하고 나선 겁니다.

정정현 지금까지 지역에서 정치를 해오신 분들은 논산에서 활동해오셨고, 박사님은 외국에 유학하고 서울의 중앙정치에서만 활동하다가 논산으로 오시게 된 거니, '굴러온 돌'이라고 배척할 수도 있는데, 이 부분에 대해서는 어떻게 극복하시고 어떤 논리로 설파하시겠습니까?

권오성 제가 최근 두 달 동안 논산을 돌아보면서 많은 선. 후배들을 만나 얘기도 들어보고 하니까, 부정적인 것보다는 '기대 반 우려 반'이 더 많더라고요. "걱정도 되지만 한번 해보는 것도 좋지 않겠나? 한번 열심히 해봐라." 하는 격려들이 더 많았습니다. 물론 비판도 있죠. 기존에 활동하시던 분들은 뜬금없이 왔다고 생각하지만, 저는 뜬금은 계속 있었다고 봅니다. (웃음) 다만 여기에 정주定住하지 못했을 뿐, 논산의 발전에 관해서는 계속 관심을 두고 있었습니다. 때론 정체된 듯한 고향 현실에 한탄스럽기도 했죠. 지금은 저를 대하는 사람들의 태도가 많이 바뀌었어요. "아, 그러시냐? 소문 들었다" 이런 분들도 많고 해서 큰 걱정은 안 합니다. 다만 그 기대에 제가 부응해야 하기에 최선을 다해 열심히 해보자는 생각뿐입니다.

정정현 그래도 상대 후보 중에서 분명히 나올 수 있는 논리가 토박이론, 또는 "굽은 소나무가 고향을 지킨다."라는 얘기들이 분명히 나올 것 같거든요? 거기에 대한 설득 논리는 무엇이겠습니까?

권오성 좀 냉정한 말일 수도 있지만, "그래서 토박이로서 뭘 했었지?"라고 말할 것 같습니다. 그렇게 공직과 정무직에 있으면서 뭘 발전시켰는가? 그런 분들이 어찌 다른 당에 자리를 넘겨주셨는가? 왜 논산시민들에게 고민거리를 해결해주지 못하고 있는가? 그것부터 반성하라. 나를 외지인이라고 치부한다면, 왜 중앙당에서 외지인을 내려보낼 정도로 경쟁력을 갖추지 못했느냐? 그거부터 반성해 봐야 하는 것 아닌가? 그렇게 말씀드리고 싶어요.

정정현 우리가 흔히, 당장 하나의 소원을 들어줄 수 있다면 무엇을 요구하겠느냐? 하는 질문을 받을 때가 있죠. 기적이 일어나 논산과 대한민국을 위해서 한 가지만을 이룰 수 있게 된다면, 무엇부터 바꾸시겠습니까?

권오성 저는 생각을 바꿀 것 같아요. 의식을 바꿔서, '할 수 있다' 그러니 '행동하자'. 그렇게 할 것 같아요. 아무리 좋은 것도 행동하지 않고, 드러내지 않으면 그냥 사라져 버립니다. 행동하고, 생각하고, 남겨진 게 있어야 그걸 유물遺物이라고 합니다. 행동도 아니 하고, 생각도 아니 하고 그냥 사라지면 없어져 버리는 겁니다.

정정현 뜻밖의 답이네요. 보통 이렇게 얘기하면 우리 지역에 거대한 공장이 하나 지어졌으면 좋겠다, 산업단지가 만들어지면 좋겠다는 등의 이런 답이 나올 수가 있는데, 우선 의식부터 바꾸자, 행동하자고 하시니.

권오성 사람이 생각이 바뀌면 다 바뀌는 거예요. 생각이 안 바뀌면 1조 재산을 갖고 있어도 아무짝에 쓸모가 없습니다. 현대그룹 정주영 회장도 생각이 바뀌니까 소 한 마리 들고나와 재벌이 됐잖아요? 생각을 안 바꾸려고 하는 나태함과 나약함부터 없애면 됩니다. 그러면 돼요. 생각을 안 바꾸면 시간이 아무리 흘러도 변함이 없습니다.

정정현 시장에 당선되신다면 논산시장으로서 해야 할 역할과 책무도 많으시겠지만, 전국의 지방자치단체장들과 연대해서 함께 이루어야 할 과제들도 많다고 봅니다. 전국의 지방자치단체들과 논산시가 함께 연대해서 할 수 있는 가장 중요한 과업은 뭐라고 생각하십니까?

권오성 일단 지방분권의 강화입니다. 명실상부한 지방자치로 발전할 수 있도록 중앙정부로부터 예산과 세금에 관한 권한을 가져오는 거죠. 다른 지역과 연대해서 이룰 과제라면 '금강을 되살리기'가 우선 손꼽힙니다. 무슨 말이냐 하면, 예를 들어 이런 거예요. , 옛날에는 강경을 통해서 서천, 강경, 부여, 공주까지 배들이 다녔어요. 그래서 지금의 서천 금강하구둑(방조제)을 개방시킨다거나 조수간만에 맞춰 미닫이식으로 개조한다면, 아마 일본이나 중국으로부터도 관광객이 많이 들어올 수 있을 겁니다. 더 먼 역사를 떠올린다면, 백제가 패망하면서 백제 유민들이 금강을 따라 배를 타고 일본까지 가기도 했어요. 일제강점기에는 부여에 엄청나게 큰 신사가 있었어요. 백제 왕족이 그렇게 일본으로 건너갔기 때문에 그 뱃길이 열리면 일본이나 중국에서도 그리로 많이 들어올 거예요.

금강의 폭이 엄청나게 넓어요. 서천의 금강하구둑만 하더라도 1km입니다. 엄청나죠. 한강 수준이에요. 수심도 정비하면 10m 정도까지는 충분히 될 겁니다. 그러면 장항에 큰 배를 세워놓고 유람선으로 옮겨 타서 내륙관광을 할 수 있는 거예요. 비유를 하나 하자면, '정감록'이라는 책에 "논산 초포草浦에 배가 뜨면 세상이 바뀐다."라고 그랬어요. 세상이 바뀔 수 있는 겁니다. 논산의 초포까지 배가 들어설 정도면 새로운 시대가 열린다고 했으니, 일단 장애 요소가 되는 금강하구 둑을 개방하면 부여, 공주까지 연결되면서 내륙운항이 시작되고 내륙관광도 열리고 해외 관광객도 올 수 있다고 보는 겁니다.

정정현 경청하는 것이 굉장히 중요한 덕목이라고 하셨는데, 주민들의 목소리는 어떤 방식으로 수렴하실 예정인가요?

권오성 SNS 신문고를 만들 겁니다. 그렇게 해서 주민과 직접 소통하고, 신문고가 제대로 됐는지 아닌지 확인하기 위해서 담당 책임제를 만들 거예요.

정정현 어떤 방식으로요?

권오성 '공무 책임제'입니다. 담당 공무원이 신문고 질의를 확인하고 시장이나 각 지역의 읍. 면장한테 보고할 수 있도록 시스템을 만들어 낼 겁니다.

정정현 현재 백성현 시장의 시정을 봤을 때, '권오성의 논산'이 보여줄 가장 큰 차별점은 뭐라고 생각하십니까?

권오성 백성현 시장은 당선되자마자 '논산 프렌즈'라고 해서 남녀 병사들의 캐릭터를 만들었어요. 그렇게 해서 어떤 성과가 있었는지는 모르겠어요. 저는 그런 것보다는 논산 산업경제의 본질을 더욱 활성화하고 전문화하겠다는 구상입니다. 논산에서 만들어내는 것들, 농산물이 되었건 논산의 자원이 되었건, 그것을 산업경제 차원에서 더욱 활성화하고 전문화해서 논산을 발전시키겠다는 것에 주안점을 두는 거죠. 외부 자원은 필요한 부분만 도움받는 것이지 절대적인 요소는 아닙니다. 내 안의 것이 기반이 되어야 진정한 발전이지, 외부인들이 자기 이익을 가져가려고 오는 거지, 논산을 잘 살게 만들어 주려고 오겠어요? 또 우리 논산시민들의 고용이 일어나지 않는 구조라면 알곡은 없이 쭉정이 세금만 거두는 것에 지나지 않지 않느냐? 그렇게 보는 거죠.

정정현 결국은 어떻게 보면 '논산 자강론自彊論'이라고 볼 수 있겠네요. 당내 경선이 치열할 것으로 예상되는데, 당원들과 지지자들의 마음을 사로잡을 필승카드가 혹시 있습니까?

권오성 '지지자들의 마음을 사로잡는다'라는 것을 이렇게 생각하고 싶어요. "논산시민이 권오성이라고 하는 정책전문가를 영입했다. 논산 발전을 위해 그를 적극 활용하자."라는 논리로서 다가갈 겁니다. 시장이 지배하는 게 아니라 논산 시민이 시장을 활용하는 거예요.

정정현 시장으로 당선되신다면 취임 후 가장 첫 번째 착수할 사업은 어떤 일이 될까요?

권오성 절대 빈곤층 돕기부터 할 겁니다. 논산에서 가난하고 힘들고 고통받는 사람들이 누구냐? 일단 그 사람들을 찾아서 얼마나 고통받는지 확인하고 즉시 도움받아야 할 사람들은 바로 도와주자는 겁니다. 그게 아니라면 무슨 의미가 있어요? 시장이 바뀌어서 내 숨통이 트이지 않는다면 시장이 시민한테 무슨 의미가 있냐고요. 그러니 제일 먼저 해야 할 긴급한 일은 가장 힘든 분들부터 숨통을 틔워주겠다는 겁니다. 도와줄 수 있는 부분은 최대한 도와주고자 합니다. 그런 분들에게 먼저 일자리를 제공해야겠죠. 65세 이상의 시니어분들도 75세까지 일할 수 있잖아요. 일을 많이 시키겠다는 게 아니에요. 매일 조금씩이나마 할 수 있는 일을 제공하여 자존감을 지니고 살아갈 수 있게 하겠다는 겁니다. 사람의 자존감이라는 것이 단돈 몇천 원에 무너지기도 하거든요. 그런 일은 겪지 않도록 하겠다는 겁니다.

그다음에는 논산천 개발 사업 등 관광 논산을 위한 계획들에 착수할 겁니다. 그리고 과거의 문제점들을 세밀하게 보고 받을 생각입니다. 현황 진단이 제대로 되어야 올바른 정책을 수립하고 제대로 된 사업을 실행할 수 있기 때문입니다.

정정현 꽃길 조성, 꽃을 심고 나무를 관리하는 일은 오히려 연세 드신 분들이 훨씬 더 잘 알고 잘하실 수 있을 것 같네요. 혹시 선거 과정에서 근거 없는 비방이나 네거티브 Negative는 항상 선거에서 등장하는 문제들인데요. 어떻게 대응하실 계획입니까?

권오성 네거티브는 다들 하는 거니까 그것에 일일이 신경 쓰면 선거 못 하죠. 유연하게 대처하고, 근거 없는 비방에 대해서는 비판해야죠. 그 외에는 특별히 그것으로 고소 고발을 한다든지 그런 일은 할 생각이 없습니다. 담대하고 담담하게 제 갈 길을 가겠습니다. 다들 나름대로는 논산 발전시키겠다고 나와서 이기려고 하는 선거인데 거기에서 서로 상처가 크게 나면 되겠어요? 그런 사람들이 나와서 경합을 하는 건데, 간혹 안 좋은 얘기도 나올 수 있고 상처를 건드리는 부분도 있지만 내 팔다리가 잘리는 게 아니라면 뭐가 큰 문제겠습니까?

정정현 그런 풍모가 더 유권자들한테는 가슴에 와닿을 수도 있죠.

권오성 유권자들도 다 보고 있으니 그것이 어리석은 짓이라는 걸 알 거예요.

정서우 시장에 당선된 후, 여소야대 시의회의 구도가 형성될 때, 이를 타개하실 협치 비전이 있으십니까?

권오성 단순한 게 강한 거죠. 저는 논산시민에게 마음을 다해 이로운 정책으로 보여주겠다. 그래서 공동행동위원회를 만들겠다는 생각입니다. 여야 상관없이 시민도 포함해서 공동으로 행동하고 그 위원회에서 결정이 안 나오면 사업을 진행하지 않겠으니, 위원회에서 결정해 주시라. 그럼, 행정적인 지원은 시장이 하겠다고 설득해나갈 생각입니다.

정서우 그렇다면 시민들에게 진심을 전달하기 위해 후보님께서 계획하고 있는 특별한 소통 방식이 있으신가요?

권오성 기본적으로 대화를 일상적으로 많이 해야죠. 타운홀 미팅이나 홈 미팅 같은 방식도 좋겠고요.

정서우 논산시민에게 진심으로 약속할 수 있는 논산의 지속 발전을 위한 토대는 무엇이라고 생각하세요?

권오성 관광산업, 문화예술산업, 창의적 농업경영제. 이 세 가지를 반드시 자리매김해 놓을 겁니다. 그리고 국방산업단지 이슈 때문에 양당 간 상호 비방이 있어요. 이 문제를 유치위원회를 통해 심의하고 사업 대상자들과 대화를 계속 진행하겠다고 약속드릴 겁니다. 지금 산업단지를 만들어 놨는데, 그거 가지고 서로 논쟁이 되니까, 공무원과 시민, 관련 당사자들을 포함한 유치위원회를 만들어 그분들이 심의도 하고 대상자와 산업단지로 들어올 관계자들과도 대화해서 의견을 구하며, 진정성이 있는 결론이 도출되면 시에서 진행하겠다는 겁니다. 제가 먼저 나서서 되느니 안 되느니 그런 말은 않겠다는 이야기죠. 시민이 원하지 않으면 안 한다는 얘기입니다.

정서우 논산 지역에서 현재 가장 개선이 필요하다고 느끼는 행정 규제나 절차는 무엇이 있을까요?

권오성 탑정호수 문제인데, 호수 유역을 개발하려면 하천 정비, 하천 관리에 관한 규제들이 많이 걸려있어요. 금강 하천 유역관리소와 협의를 거쳐야 할 부분도 많고요. 자칫 잘못하면 환경에 관한 우려가 과도한 나머지 염려하여 시민들의 민원을 안 받아줄 수 있는 상황도 발생할 수 있습니다. 그래서 되도록 시민 편익에 맞게 논산시가 설득해서 이루어낼 수 있는 부분이 있다면 그렇게 해결해 줄 겁니다. 그게 관광산업을 활성화하는 첫걸음이 될 수도 있습니다.

정서우 현재 논산의 소상공인과 자영업자를 위한 논산시의 지원책 중, 현장에서 가장 실효성이 높다고 판단하시는 것이 어떤 것이 있습니까?

권오성 재정 보조죠. 그다음에 행정 지원, 이 두 가지가 가장 필요하고 실효성이 높죠. 예를 들어 재정 보조를 할 때 금융권에서 돈이 지급되는데 이자율이나 신용도가 항상 문제가 되잖아요. 그래서 지원받을 사람들의 과거 실적과 사업 타당성을 보고 시에서 지원해 줄 수 있는 부분이 있으면 협조적으로 진행하겠다는 거죠. 사실 기존의 관행으로는 시에서 잘 안 해 주려고 하죠. 그래서 과거 실적뿐만 아니라 향후 사업성을 보고 시에서 도와줄 수 있으면 전극적으로 지원하겠다는 이야기입니다.

정정현 교육 발전을 위한 큰 그림에는 어떤 것이 있을까요?

권오성 교육청, 교육부 소관이긴 한데, 부대 사업의 지원은 가능하죠. 교육 현장의 주변 환경 정비, 도로 관리, 우수 관리 등은 시에서 도와줄 수 있어요. 앞서 강조했지만 국.영.수 중심 교육에서 벗어나는 방안으로, 논산시 차원에서 인문학과 사회, 문화예술, 철학과 문학에 대한 교양 강연과 세미나를 문화원을 통해 진행할 계획입니다. 그래서 청소년들의 지식과 사유의 폭을 대폭 넓혀주겠다는 게 제 바람입니다. 제 경험상으로도 중학교 1학년 때 나이에 맞지 않게 그런 책들을 많이 읽었어요. 남들은 고등학생, 대학생 돼서 읽을 책들을 그 나이에도 많이 읽었어요. 그래서 그런 배경 지식들이 많이 채워져서 생각의 폭도 많이 넓어졌던 것 같습니다.

초등학교 5, 6학년이 쇼펜하우어를 어떻게 알았겠어요? 루소의 '인간 불평등 기원론' 같은 걸 어떻게 알겠어요? 이해는 못 했지만 다 읽어봄으로써 알게 모르게 어렴풋이 생각하는 힘과 지식을 쌓아갈 수 있었다는 거예요. 만일에 그런 생각을 하지 못하거나 환경을 접할 수 없는 학생들에게는 시의 문화원을 통해서 강연과 세미나 등의 기회를 많이 만들어 줘야겠다는 생각입니다.

정정현 그런 차원에서 박물관도 전시가 아니라 체험 교육으로 현장화히겠다는 말씀과도 연관된 내용이겠네요. 그리고 가장 우선하여 빈자貧者를 위한 활력, 숨통을 틔워주는 일을 먼저 착수하겠다고 하셨는데, 복지의 사각지대가 어디에선가는 꼭 존재하거든요. 이를 해소하기 위한 새로운 형태의 복지 모델을 구상하고 계신 게 있으신가요?

권오성 어려운 분들에겐 항상 갑자기 일이 발생하고 문제점이 갑자기 불거지기 때문에, 직접 방문해서 긴급 지원을 강화할 수 있는 대안을 만들어야 하는 겁니다. 직접 가보면 문제가 없어 보이지만 고독사도 있고, 자살도 있고, 부모님들이 매일 싸워서 학생들이 탈선하는 때도 생길 수 있고, 청소년기에 잘못해서 갑자기 임신했다든지 하는 등의 문제가 얼마든지 발생할 수가 있고, 또 일진들에 의해 지속해 폭행당하고 있지만 아무에게도 말 못 하고 괴로워하는 학생들도 있을 겁니다. 가능한 한 현장을 많이 순찰하거나, 직접 방문해서 문제점을 감지하고 내용을 파악해야 합니다. 특히 나이 드신 분들은 자존심이 강해서 밖으로 잘 안 나오시는 분들이 고독사할 확률도 높습니다. 그래서 이런 예방 활동을 위한 예산과 비용을 반드시 따로 만들어 놓을 거예요. 생활보조나 긴급 지원 같은 복지 행정은 보건복지부에서만 하는 것이 아니라 시에서도 직접 시행할 수 있도록 충실한 노력을 기울일 겁니다. 음식점 업주분들하고 상의해서 굶는 사람이 없도록, 아침 일찍 나오면 국수라도 한 그릇 드실 수 있도록 하는 시스템도 고려해 볼 생각입니다.

정정현 앞에서 3대 지표 중의 하나가 '창의농업 경영'이라는 주제가 있었는데, 농업 경영을 창의적으로 한다는 걸 좀 더 구체적으로 설명해 주신다면 어떤 형태가 창의적인 농업 경영이 될 수 있을까요?

권오성 농산물 가공산업도 창의적인 경영의 일환입니다. 예를 들어, 사과 농사를 '가' 지역에서도 하고 '나' 지역에서 하고, '다'지역에서도 해요. 그런데 소속 농협이 다르다 보니 각자 따로 놀아요. 이 세 사람이 연대하면 더 많은 이익이 창출될 수 있는데도 서로 불신도 있고 욕심도 있는 거예요. 그런 것은, 서로 협조해서 논산의 공동 브랜드 속에서 함께 협력할 수 있도록 만들 생각이에요. 쉬운 일은 아니겠지만 그렇게 할 겁니다. 그리고 공동으로 상품을 집하, 선별, 유통할 수 있는 작업 설비와 저장창고를 지어서 체계적으로 작업을 하고 유통 관리를 하는 시스템으로 갈 것입니다. 그렇게 해야 가공산업이 활성화됩니다.

지금 당장 할 수 있는 것이 곶감, 사과, 딸기와 토마토, 깻잎 등 여러 가지 있겠죠. 그런 것들을 공동 출하하고 유통 관리를 하면 훨씬 더 좋아지지 않을까 생각합니다. 이게 될 때까지는 남은 농산물을 각급 학교에 도시락이나 급식으로 보내 손실 보는 부분이 최소화될 수 있게 할 겁니다.

정정현 논산에서 가장 많이 듣는 절박한 목소리가 어떤 것입니까?

권오성 마을에 아이가 없다는 것은 시대적 불행이죠. 먼저 젊은이들을 역외로 유출되지 않도록 하는 거예요. 그러려면 청년 일자리와 지원 사업을 만들어야 해요. 젊은 청년들이 뭘 하려고 해도 아무것도 없는데 뭘 어떻게 하겠어요? 예를 들면, 공예기술이 있는 청년들에게는 논산시에서 공방을 만들어 주는 거예요. 빈 건물을 활용한다든지 해서 공방을 만들어 주고 임대료를 아주 저렴하게 해 주거나, 1년 정도 지원을 해준다든지 하면 많은 도움이 될 거 아니겠어요? 또 신혼부부들이 살 집이 없고 돈이 없다면 시에서 오래된 아파트나 빈집을 매입하여 고쳐서 아주 싼 임대주택으로 내놓는 거예요. 보통 9평, 12평 등 소형 평수에만 임대사업을 하잖아요. 그러니까 이게 '임대 살이는 가난한 삶'이라고 인식하게 만드니 사람들이 피하는 경향이 강해요. 저는 그렇게 안 하겠다는 겁니다. 22평짜리, 24평짜리 중형 평수도 시에서 구매해서 아주 싸게 임대를 놓겠다는 거예요. 혼자 사는 사람은 소형 평수도 괜찮지만, 둘 이상의 가족과 함께 사는 사람은 무조건 15평 이상이 돼야 해요. 애를 낳고 키우려면 한 18평은 돼야겠죠. 안락한 주거권도 인권입니다. 아이들을 잘 키울 수 있도록 장기저리로 임대하겠다는 이야기입니다. 청년층, 신혼

부부, 노령층 등 사회적 약자들에 우선으로 임대를 놓겠습니다. 그래서 인격과 자존감을 지켜주는 임대사업을 하겠다는 겁니다.

정정현 그렇게 매입 임대할 주택들이 많이 있는지요?

권오성 많아요. 지은 지 30년 된 아파트들도 많이 있습니다. 그런 주택을 갖고 하면 돼요. 그런 사업은 하지 않고 급하지도 않고, 많은 서민에게 이익이 돌아가지 않는 사업에 막대한 비용을 쓰는 걸 보면 화가 나더라고요. 화려한 스포츠센터나 골프 연습장을 만드는 데 수십억씩 쓰면서 청년들이 진짜 필요한 곳에는 돈을 안 쓰는 걸 보면 화가 나는 거죠. 그러면서 인구가 줄어든다고 하면 안 되죠.

정정현 논산 세계딸기산업엑스포가 굉장히 비중 있는 행사라고 하던데, 지금 준비는 잘 되고 있는가요?

권오성 논란이 다소 많은 사안인데, 동남아시아에 수출하는 것만 가지고서 세계산업엑스포라고 할 필요가 있는가? 하는 생각이 들어요. 아시아 전역이나 유럽, 미주지역에서도 와야 세계엑스포라는 말을 붙일 수 있죠. 그렇지 않으면 동남아산업엑스포라고 해도 될 텐데 말입니다. 거기서부터 점차 수출영역과 대상을 확대해나가는 전략을 쓰는 것이 훨씬 더 효과적이고 실용적인 사업전략이 될 수 있다고 봅니다. 목표나 계획, 성과는 하나하나 단계적으로 늘려나가야 성취도나 만족감도 높아지게 됩니다. 논산시 의원들도 문제점을 지적하기도 합니다만, 과연 얼마나 세계적인가 한번 따져봐야 해요. 얼마나 과학적이고 전문적인가? 세계엑스포라면 그래야 하거든요. 얼마나 과학적이고 전문적이고 효율적이고 문화적인가? 이게 엑스포예요. 이런 성격을 갖고 있냐 하는 거죠. 그저 인근 국가에 일정 분량의 딸기를 수출한다는 것만으로는 세계엑스포라고 할 수가 없는 거죠. 빛 좋은 개살구 되기 십상입니다.

정정현 논산의 딸기가 주요한 상품이라고 한다면, 사실 엑스포까지 열려면 딸기를 활용한 다양한 2차 상품이나 비료나 구제 약품 등 유관 상품 및 딸기 재배 시설과 장비 등의 기계장치들도 엑스포에 다 준비되어야 하지 않나요?

권오성 딸기 파생상품이 많이 나와야 하는데, 아직은 미비한 실정입니다. 딸기 축제를 할 때는 몇 가지 보이기는 합니다만, 판매가 많이 되는 것 같지는 않아요. 엑스포를 하려면 당뇨에 좋은 딸기라든지, 아니면 항암 효과가 있는 딸기라든지, 아니면 창의적이고 혁신적인 딸기 파생상품들이 나와야 해요. 딸기잼은 기본이고, 과자, 통조림, 의약품 같은 제품들이 나와야 해요.

그리고 딸기를 활용한 문화 예술적인 작품들도 괜찮은 아이디어겠죠. 파주 헤이리 예술마을에 가면 딸기를 주제로 한 애니메이션 극장과 전시관도 있지 않습니까? 서울의 인사동에도 비슷한 공간이 있고.... 지방일수록 그렇게 상상의 영역을 확장한 산업의 창의적인 시도가 활발하게 일어나야 한다고 생각합니다.

가격도 비싸면 안 돼요. 대량화를 통해 제조단가를 낮추고 부가가치는 높여서 적정 가격으로도 수익은 높게 만들어야 해요. 전문적인 과학 기술을 접목해 그렇게 만들어야 하고, 이런 것들이 과연 건물만 크게 지어서 엑스포를 한다고 될 일은 아닌 것 같고, 세계엑스포를 개최하려면 논산 시민체육관이 엄청나게 큰데 거기서 해도 됩니다. 지금 정도의 준비로는 어렵다고 봅니다. 적어도 유럽 국가에서도 들어와야 해요. 그래야 세계적인 엑스포라고 얘기하지요.

정정현 논산 딸기가 어떤 특장점이 있는가요? 이를테면 고령 딸기도 유명한 브랜드거든요.

권오성 홍성에도 많이 나고 있죠. 맛이나 당도가 뛰어나긴 해요 그런데 과연 지금의 시장점유율이 계속 유지가 될 수 있을까 걱정이 되긴 해요. 딸기도 특화해야 합니다. 당도는 기본이고 영양가를 높인다든가, 이런 것들을 특화하고, 다른 작물도 개발해야 합니다. 그런 게 숙제죠.

정정현 시장이 되신다면 직접 관장하셔야 하는 행사네요.

권오성 그렇죠. 하게 되면 실용성 있게 할 생각입니다. 규모가 작더라도 엑스포답게 하겠다는 생각입니다. 이게 자칫하면 손실이 날 확률도 매우 크다는 겁니다. 그래서 찬조 출연도 받아야 하는데, 딸기를 이용한 각종 음료 같은 것들도 개발하고, 파생상품들이 많이 나와야 하는 거예요. 대전 성심당에서도 딸기를 가져간다고 하더라고요.

그뿐 아니라 기업에만 의존하지 말고 논산에서 자체 브랜딩 할 수 있는 좋은 것들을 찾아내야 해요. 그러니까 '논산' 하면 "거기는 딸기가 대단히 맛있어.", "딸기 빵이 최고야.", "딸기 아이스크림이 독특해.", "딸기우유라 하면 논산 딸기로 만들어야 해." "논산 딸기잼은 설탕 안 넣고도 맛있어." "변비에 좋대" 이런 것들이 퍼져 나와야 한다는 거죠. 그런 면에서는 고민과 노력을 더 해야 하는 것이 아닌가? 하는 생각이 듭니다. 특화돼야 한다는 얘깁니다.

정정현 스마트팜에 대한 구상은 혹시 있으신가요?

권오성 저는 농사를 직접 지어보지는 않았기 때문에 자신 있게 말할 수는 없어요. 하지만 지원이나 다양화는 분명히 할 것이다 이렇게 말씀드립니다. 농업의 과학화를 집요하게 추구해야죠.

정정현 현재 논산의 물가는 어떤 편입니까?

권오성 서울보다 비쌉니다. 시골이 싸질 않아요. 서울은 대량화가 돼 있잖아요. 시골은 아니거든요. 그래서 어떤 부분은 서울보다 더 비싸요.

정정현 제주도는 섬이라서 그렇다고 해도 논산은 왜 그럴까요?

권오성 소비가 크게 안 되고 인구가 별로 안 되니까. 인구 30만인 곳과 비교가 되겠어요?

정정현 어떻게 해결할 생각인지요?

권오성 논산시에서 필요한 물건의 조달과 유통에 대한 시 차원의 준비를 강화하겠다고 생각합니다. 물가가 비싸지면 방출하고, 싸지면 매입해서 비축하는 정책을 효과적으로 추진하겠다는 생각입니다. 지금 논산 인구가 많지 않아서 대형마트인 홈플러스도 위기인데, 논산에도 있을 만한 건 다 있지만, 상품이 많은 것은 또 아니며, 판매 이익도 감소하는 우려가 있죠.

정정현 활성화되지도 않고 성장하지도 않는 정체 상태인 거군요. 그래서 수매와 방출을 체계적으로 관리해서라도 전반적인 물가 안정과 자영업자들의 수익을 보존해줘야겠다는 말씀이군요.

권오성 네. 그렇습니다. 파, 고추, 채소류, 과일류, 고기류 등 식료품과 생필품은 시 차원에서 창고에 비축해서 준비해두는 기본적인 대비는 해둬야겠죠.

정서우 최근 주민들께서 후보님께 기대한다고 말하는 내용이 있다면 어떤 것들입니까?

권오성 청년 일자리가 줄어, 청년이 다 빠져나가는 게 심각하다는 말씀들을 많이 해요. 그래서 새로운 발전과 성장을 일으켜 달라고 주문들 하십니다. 그래야 인구도 늘고 살기 좋아지지 않겠느냐고.

정정현 지금 말씀하신 일들이 4년 임기 내에 가능한 일인가요?

권오성 그래서 관광산업을 진흥한다는 계획이 중요하다는 겁니다. 관광사업은 2년 후면 효과가 납니다. 고수부지 꽃길은 1년 후에 효과를 보는 것은 어렵지 않아요. 40~50억만 투자하면 1km 정도의 꽃길 공원을 만들 수 있어요. 그럼, 4월에 뚝방 길에는 벚꽃이 화려하게 피고 천변에는 1km의 꽃길이 환히 펼쳐지는 거지요. 그 길을 걷는 것 자체로 황홀하고 행복해지는 거예요.

정정현 동시에 주변 도로 정비와 주택과 상가 정비도 같이 돼야지요.

권오성 그렇죠. 꽃길 주변에 하천이잖아요. 그곳에 주차장을 많이 만들어 놓아야죠. 꽃길은 한 1km 정도 걸으면 충분해요. 1km면 약 30분 걸려요. 자전거를 탄다면 1,000원에 한두 시간 정도로 강경까지 갔다 올 수도 있죠. 사람이 몰려들고 돈이 된다 싶으면 카페도 우후죽순으로 들어설 거예요.

정정현 그러려면 확고하게 추진한다고 하면 행정 예고제 같은 절차도 있잖아요. "이런 사업을 추진할 테니까 여기에 행정적 지원과 저금리 혜택도 지원할 테니까 투자할 사람 투자하라" 이렇게 먼저 공표하면서 시작해도 되지 않을까요?

권오성 걱정 안 해도 돼요. 꽃길이 만들어지고 사람들이 직접 다녀보고, SNS로 소문이 퍼지기 시작하면 그다음엔 서로 밀려들어요. 소문이 무서운 겁니다. 제가 반야사를 가보고 깨달은 거예요. 반야사에는 지하에 불당을 만들어 놨어요. 절 옆으로는 정감 어린 개천이 흘러요. 관광버스가 왔길래 물어봤어요. "어디서 왔어요?" 경남에서 왔다는 거예요. "어떻게 알고 왔어요?" 하니 "우리 기사님이 다 알아서 데리고 와요." 그런 효과인 거예요. 한번 보고 느끼고 돌아가면, 입소문이 금방 퍼져요. 예쁜 곳, 특색 있는 곳이면 사진을 다 찍어 가서 SNS에 올리잖아요? 그럼 되는 거예요. 체험과 입소문이 논산을 관광도시로 만들어 버리는 거예요. 관광산업 진흥의 효과는 다시 논산의 위상과 경제를 발전시키는 선순환이 이루어지는 겁니다.

정정현 관광도시 논산. 명확하네요.

정서우 논산의 공직 사회는 어떤 방향으로 혁신하고 활력을 불어넣을 계획이신가요?

권오성 전문화와 책임제. 업무를 전문화하고 공무 책임제로 담당자의 책임과 권한을 높여주는 거죠. 네가 책임지고 일을 하고 끝까지 완료하라는 거죠. 그다음에 담당 공무원이 스스로 계획하고 입안한 대로 적합하게 부서를 이동시켜 줄 생각입니다. 그래야 책임성과 업무 만족도와 집중도가 높아질 수 있거든요. 제가 시장이 된다면 독립부서로 관광국을 신설할 생각입니다.

정서우 시장이 되신다면 본인을 보좌할 팀을 구성할 때 가장 중요하게 볼 인재 등용의 원칙은 무엇인가요? 어떤 것을 가장 중요하게 보고 뽑으실 건지요?

권오성 기본적으로 신뢰성. 그다음에 전문성, 즉 실력이 중요하고, 그다음에 책임성입니다. 이런 성향과 능력을 갖춘 사람을 임명해야죠.

정정현 투표를 하는 시점에서 시민들이 권오성이라는 이름을 떠올렸을 때 어떤 수식어가 붙기를 바라십니까?

권오성 논산을 일으킬 사람. 논산을 발전시킬 능력과 믿음이 있는 사람.

정정현 10년 후, 논산이 대한민국에서 어떤 위상을 가진 도시로 기억되기를 바라시는지요?

권오성 단순한 관광도시가 아니고 '수준 높고 세련된 관광도시 논산'이 되기를 꿈꿉니다. 누구나 한번쯤은 살면서 가봐야 할 세련된 도시로 만들어야죠. 외국인들도 '한국에 가면 논산은 꼭 가봐야지'하는 말이 나오는 도시를 꿈꿉니다.

한번 상상해 보세요. 아름다운 꽃길이 1km, 1.5km 펼쳐져 있고, 대교다리 밑에는 버스킹 현장에서 다양한 가수들이 매일 노래를 불러요. 거기서 맥주 한잔 마시고, 커피도 한잔 마시고, 밤이면 쾌적한 숙소에서 쉬고 가는 도시를 만들 거예요. 음식점에서는 논산의 특산물로 만든 다채롭고 맛있는 음식들로 입맛을 돋우고, 사랑하는 사람들과 즐겁고 행복한 추억을 남기고 가는 도시를 만들 겁니다.

논산 특산품으로는 건강에 좋은 스테비아 포도와 토마토, 곶감이 있고, 이런 특산물로 만든 품질 좋고 세련된 걸 먹거리들이 제공되게 할 거예요. 그래서 각자 사는 곳으로 돌아가더라도 인터넷 주문이 쇄도할 수 있도록 하고 싶어요. 그리고 논산 특산물로 제빵 사업화해서 청년들이 잘 할 수 있는 특화사업으로 만들 계획이 있습니다.

저는 지금도 대학 다닐 때 저렴하게 즐겨 먹었던 300원짜리 사발 국수가 생각나요. 아마 짜장면 350원, 국수 250원인가 했어요. 새벽에 날 새고 가서 먹는 맛이 참 좋았거든요. 그런 서민 음식도 특화해 청소년들이나 주머니가 가벼운 분들도 맘 편하고 맛있게 즐길 수 있는 음식문화를 만들고 싶어요. 그와 반대로 비싸더라도 맛있고 건강하며 품격 있는 음식도 개발해야겠죠. 그러면 비싼 값을 내고도 먹게 됩니다. 음식이라는 게 그래요. 건강한 재료에다 맛있게 기대를 충족시켜주면 찾게 돼요. 이렇게 메뉴와 가격대가 골고루 있어야 지역 음식문화가 발전하게 됩니다. 전 그런 식으로 유도하여 자영업과 요식업을 활성화하고 싶습니다.

마찬가지로 논산을 찾는 관광객들이 꽃길뿐만 아니라 "논산 가면 딸기 파르페가 예술이야.", "거기다가 논산 딸기빵 하나만 먹어도 끝내 줘." 이런 느낌을 주도록 하는 거예요. 그리고 관광지가 연결돼 있으니까 어지간하면 하루쯤 숙박하고 이튿날 부여나 공주로 가면 된다는 인식을 심어줘야겠죠. 그래서 호스텔을 하나 짓고 싶어요. 비싸지 않게 잘 수 있는 호스텔. 코인호텔 같은 것도 있잖아요. 그런 건 비싸면 안 돼요. 즐겁게 여행 오시는 분들이 너무 비싸면 안 와요. 적당한 가격에서 쉬고 자고 갈 수 있는 곳, 코인호텔에는 젊은 친구들 부담 없이 많이 오잖아요. 그렇게 만들려고 하는 거죠.

정정현 관광공사 리서치를 해본 적이 있었는데, 관광 유입 효과의 가장 중요한 요인은, 관광객들이 스쳐 가게 하는 것이 아니라 머무르다 갈 수 있도록 해야 한다는 결과였어요. 이틀에 걸쳐서라도 볼거리를 만들어 주고 잘 수 있는 곳을 만들어 줘야지, 당일치기로 왔다가 가버리면 관광지로서는 경제적 이익이 크지 않다고 하더군요.

권오성 거기에 하나 더 말씀드리자면, 논산은 제대로 된 아이들 놀이터가 없어요. 아이들 교육 때문에 대전 가서 산다는 핑곗거리가 되기도 하는 건데, 어린애들 데리고 대전으로 가야 할 이유가 사실은 없지만, 동물원도 없고, 놀이터도 없고, 아이들 손 잡고 어디 갈 만 한데가 없다. 그래서 대규모 놀이시설을 만들 생각이 있습니다. 부지는 충분히 있다고 봅니다. 그래서 아이들이 엄마, 아빠 손 잡고 가서 같이 놀고, 청춘남녀가 데이트도 만족스럽게 할 수 있는 장소를 만들고 싶다는 겁니다. 그렇게 되면 금산, 부여, 논산, 연무대, 강경 사람들이 다 올 수 있고, 심지어 30분 거리의 익산 사람들도 올 수 있다고 봅니다. 그것도 관광산업의 일종이라고 생각합니다.

권오성표 인구 유입 정책은 관광산업 발전으로 시작될 것이며, 관광산업은 2천 개가량의 일자리를 제공할 것으로 예상해 봅니다. 인구 유입 규모는 약 1만 명 정도 수준으로 가능하다 예상해 봅니다. 그리고 앞서 말씀드린 대로 병영체험학교, 군사박물관, 서바이벌 게임 같은 것들도 관광자원으로 기능할 겁니다.

논산은 여성분들이 많으므로 미술 분야부터 지원해서 '면' 단위 경쟁과 심사를 거쳐, '논산시장상'을 시상하는 여성 미술대회도 만들어 보려고 해요. 그래서 논산의 아마추어 시민 화가를 많이 배출해낼 거예요. 화가, 음악, 꽃길, 이런 자원들이 예술로 연결되면 그것 역시 또 다른 유무형의 관광자원이 될 수 있습니다. 그래서 할머니들도 화구를 들고 논산천 변에서 그림을 그리고 있는 풍경을 한번 상상해보세요. 파리의 몽마르뜨 언덕이 별 것 있겠습니까? 거기도 대부분 평범한 예술가들이 찾는 곳으로 시작되어 명소가 된 거예요. 참고로 저희 장모님께서도 연세 드셔서 그림을 그리기 시작했는데, 잘 그리세요. (웃음)

정서우 예술은 또한 치매 예방에도 아주 좋죠. 자존감도 높아지고...

권오성 생각과 몸을 집중해서 그림을 그리니까 좋을 수밖에 없죠. 고스톱 치는 것보다 나은 것 같아요. 사람들이 자전거에다 화구를 싣고 가서 세워놓고 그림을 그리고 하면, 멋있잖아요. 저는 노인복지가 사실 별다른 것이 없다고 봐요. 자존감을 높여주는 것이 중요한 것 같습니다. 몸도 시원찮고 몸도 마음도 피폐해져 가는데, 나이 들면 자신의 존재에 대한 회의감이 든단 말이에요. 자식들도 잘 오지 않고, 소위 "냄새난다"라며 애들도 가까이 오지 않고.. 그러니까 자존감을 높이는 데는 예술 활동이 최고입니다. 그래야 손녀들도 "할머니 그림 뭐 그렸어?" 이렇게 대화와 소통도 자연스럽게 늘어날 수 있고 자주 보고 싶어지기도 하는 거죠. 그래서 전 '자존감을 높이는 복지정책'을 펼치고 싶어요.

'마을 브랜드 사업'도 유럽 지방자치 사례들을 벤치마킹한 정책입니다. 유럽에 가면 마을마다 어귀에 레지스탕스 기념비도 있고, 마을을 대표하는 사람들 이름을 딴 작은 공원들도 있고, 마을 출신 예술가와 문학가들, 혹은 학자들의 생가나 집필실들이 보존되어 있습니다. 그런데 우리나라엔 없어요. 이 마을에 뛰어난 사람이 누가 있었는지, 위대한 일을 한 사람이 누가 있었는지, 이런 자부심과 긍지를 대개 마을 어귀에 만들어 놔야 하거든요. 그게 마을의 전통이자 역사고 문화며 상징이 되는 겁니다. 우리는 그게 없었어요. 그래서 마을의 역사, 인물, 특성 등을 마을 어귀에 조그맣게라도 만들어서 마을표지판으로 삼는 사업을 해보고 싶습니다. 그래야 애향심도 생기고 정주의식도 강해지는 거거든요.

정정현 사실 베토벤의 생가라고 해서 가보면 아무것도 없어요. 근데도 매년 엄청난 사람들이 전 세계에서 찾아가죠.

권오성 우리나라에도 마을마다 한국전쟁 와중에 나라를 지키다 돌아가신 분들이 많잖아요. 그리고 그 지역을 위해 장학사업을 하신 분들도 있을테고.... 마을마다 그런 미담이나 훌륭한 귀감 사례들을 발굴해서 마을의 상징으로 만들어 둬야 커가는 후세들한테도 자긍심이 되는 건데, 자긍심을 일으켜 줄 수 있는 상징과 내용을 소중히 여기지 않는 게 안타까워요.

정정현 혹시, 논산의 시화市花가 무엇인가요?

권오성 개나리입니다. 하지만 사람들은 흔하게 볼 수 있는 걸 보러 오지 않아요. 예를 들어서 튤립밭을 한 200m 만들고, 400m는 해바라기밭으로 꾸미고 하는 거지요. 또 한쪽에는 라벤더를 쫙 깔아놓고.. 다른 곳에는 없는 꽃들을 화려하게 피워 놔야 관광객들이 찾아와서 '인생 샷'을 찍고 원없이 꽃의 아름다움을 느끼고 갈 수 있는 거죠.

정서우 듣기로는 후보님께서 소외계층에 대한 관심이 많으신 것 같아요. 사회복지에 대해서도 관심이 많으시고. 그렇다면 경제적인 소외계층뿐만 아니라 또 다른 의미의 소외계층인 장애인이나 다문화 가정의 사람들이 살기 좋은 논산을 만들기 위한 정책은 무엇이라고 생각하십니까?

권오성 일단, 차별 없는 사회죠. 그런 사회를 만들기 위한 행정과 복지 지원을 해야죠. 지금 논산지역의 특징이 뭐냐면 "동남아 사람들이 없으면 우리 농업은 망해" 하는 인식이 널리 퍼져 있어요. 그게 상식이에요. 그분들 없으면 농사를 못 짓는 상황이에요.

정서우 동남아 분들은 시급을 똑같이 받나요? 최저임금으로 똑같이 받으시는 거예요?

권오성 똑같이 받습니다. 논산에는 우즈베크인들을 비롯해서 외국인 노동자들이 많아요.

정정현 지역 사회나 주민들 사이에서 외국인들에 대한 문화적, 인종적 위화감은 없나요?

권오성 농업인들이 원래 보수적이라 싫어하기 마련인데, 이 친구들 없으면 농사 못 짓는다는 걸 농업인들 스스로 깨닫고 있어요. 그래서 나오는 말이 "얘네들 없으면 농사 못 지어."라는 겁니다. 논산에 거주하고 있는 외국인 수가 약 1만 명으로, 10만 7천 명인 논산 인구의 10%나 돼요.

정정현 그런 상황이니 다문화가정에 대한 교육과 문화적 배려가 충분히 있어야겠네요.

권오성 지금 초등학교에서도 다문화 교육을 많이 하고 있고, 실제로 논산에서는 그들을 차별하지 않아요.

정정현 다행이네요.

정서우 20년 후의 후세대들이 후보님을 어떤 시장님으로 평가하기를 기대하시나요?

권오성 20년 후에 논산이 발전됐다고 가정하고, '오늘을 만든 사람'으로 기억에 남고 싶습니다.

정서우 '오늘을 만든 사람' 정말 멋진 답변이네요.

정정현 대학에서 불문학을 전공하셔서 그런지, 카피가 달라요. (웃음)

정서우 정치인으로서 사는 삶이 끝난다면, 인간 권오성으로서 누리고 싶은 미래의 일상은 어떤 모습일까요?

권오성 여행하고 연구하며 글 쓰고 있겠죠.

정서우 연구는 계속하실 생각이 있으신 거예요? 공부가 체질이신 것 같아요.

권오성 그럼요. 그거라도 해야지요. (웃음) 저는 호기심이 많아요. 귀신도 무서워하고요. 사람에 관한 관심이 많고, 그래서 여행은 힐링도 되고, 새로운 걸 배우는 계기도 됩니다. 여행과 여행지에 관한 관심을 가지고 이것저것 찾아보는 재미도 쏠쏠하잖아요. 그리고 남을 도울 수 있는 여유가 있으면 더더욱 좋겠고요

정서우 봉사활동을 의미하시는 건가요?

권오성 도우려면 조용히 도와야지, 요란스럽게 봉사활동까지는 부담스럽네요. (웃음)

정정현 지금 한국 사회가 과거에 비해 '원로가 사라진 사회'라고 얘기하거든요. '어른다운 어른이 없다.'는 말인데.... 양극화 갈등이 심화하면서 더더욱 그런 사회가 돼버렸습니다. 과거엔 그래도 '저 분 같으면 좌나 우나, 진보나 보수나, 우러러보고 존경할 만한 분'이라고 하는 문화가 있었는데,

지금은 그런 문화가 없단 말이에요. 그래서 은퇴 이후, 학계 원로로서 연구하고, 생산하고, 강연하며 사회에 봉사할 수 있는 부분이 있지 않은가 싶습니다.

정서우 지금 이 자리에서 '미래의 나에게 보내는 영상 편지'를 쓰신다면 어떻게 쓰시겠습니까?

권오성 나에게 띄우는 영상 편지... "열심히 했니?"라고 스스로 물어볼 것 같아요.

정서우 이미 충분히 열심히 살아오신 것 같은데요?

권오성 그래도 "열심히 했네. 후회는 없니?"라고 한번 더 묻고 싶네요. 하지만 후회는 항상 있을 것 같습니다.

정서우 그건 그래요. 아무리 열심히 해도 후회는 항상 남는 것 같아요.

권오성 "최선을 다했니?"라고 한다면 최선을 다하지 않았던 것 같고, "열심히는 했냐?"라고 묻는다면 열심히는 했어요. (웃음)

정서우 자녀들이나 미래의 후손들에게 정치인 권오성의 삶을 어떻게 설명해 주고 싶으신지요?

권오성 "아빠는 나름대로 노력을 많이 했어."라고 말해주고 싶어요. 후손들에게도 "나는 노력을 많이 하며 살았는데, 그건 후회가 없어."라고 말해 줄 것 같아요.

정서우 누군지는 지금 알 수 없지만, 선거에서 박사님께 표를 던질 유권자들에게 한마디 말씀 부탁드립니다.

권오성 최선을 다해서 논산을 성장시키겠습니다. 도와주십시오. 감사합니다.

정서우 이제 긴 인터뷰의 마지막 질문을 드리겠습니다. 인생의 마지막 순간에 "나는 가치 있는 삶을 살았다"고 말할 수 있는 단 하나의 성과는 무엇일까요?

권오성 "사람들을 행복하게 했다."라는 것.

정서우 이타적이시네요.

권오성 이타적인 것이 즐거운 거죠. 그것보다 더 좋은 게 어디 있어요? 남이 나를 기억할 때 "나, 그 친구 만나서 참 좋았어. 즐거웠어. 행복했어. 그 친구랑 밥 먹는 시간이 참 좋았어." 살아보니까 그런 것 같아요. "저 친구가 있어서 내가 참 좋았어." 저는 그게 인간이 인간에게 할 수 있는 최고의 찬사가 아닐까 싶어요.

정정현 인생의 마지막이라면, 그것만큼 가슴 채우는 말이 어디 있겠습니까?

권오성 그럼요. 나를 기쁘게 했다는데 얼마나 고마워요?

정정현 네. 지금까지 긴 시간, 수고하셨습니다.